AF731192

SAMMLUNG GÖSCHEN BAND 343

Heizung und Lüftung

Von

Ingenieur Johannes Körting VDI †

und

Dipl.-Ing. Werner Körting VDI

II

Die Ausführung der Heizungs- und Lüftungsanlagen

Achte, neubearbeitete Auflage

Mit 165 Abbildungen und 7 Zahlentafeln

Walter de Gruyter & Co.

vormals G. J. Göschen'sche Verlagshandlung / J. Guttentag, Verlagsbuchhandlung / Georg Reimer / Karl J. Trübner / Veit & Comp.

Berlin 1953

Alle Rechte, einschl. der Rechte der Herstellung von Photokopien und
Mikrofilmen, von der Verlagshandlung vorbehalten

Archiv-Nr. 11 03 43
Satz. Walter de Gruyter & Co., Berlin W 35
Druck Oswald Schmidt GmbH., Leipzig, III 18 65
Printed in Germany
5000/191/52

Inhalt

Seite

V. Teil. Bauarbeiten

I. Teil

Ausführung der Einzelheizungen

Abschnitt 1

Kamine

Die einfachste Form der Einzelheizung ist der Kamin (die Esse des Schmiedefeuers). Er besteht aus einer offenen Feuerstelle mit dem darüber angeordneten Rauchfang, der unmittelbar zum Schornstein führt. Auf dieser Feuerstelle werden feste Brennstoffe in offener Flamme verbrannt. Bei Verwendung von Holz liegt der Brennstoff unmittelbar auf dem Steinboden oder einem Flachrost, bei Kohle und Koks in einem eisernen Feuerkorbe (Abb. 1).

Abb. 1. Kamin mit Feuerkorb

Da eine Regelung einer derartigen offenen Verbrennung fast unmöglich ist und zudem nur die strahlende Wärme der Flamme ausgenutzt wird, während die Leitungswärme, die beim Ofen wirksam ist, durch den Schornstein verlorengeht, ist die Auswertung des Brennstoffes nur sehr gering.

Zur Erzielung einer einwandfreien Verbrennung sind bei Kaminen sehr weite Schornsteine erforderlich, so daß mit den Verbrennungsgasen unvermeidbar große Luftmengen abgeführt werden. Infolge dieser Luftbeimengungen besitzen die Abgase nur geringe Temperatur, so daß bei ungünstigen Windverhältnissen leicht Rückschläge eintreten, die die Rauchgase in die Räume zurücktreiben. Zudem hört nach Erlöschen des Kaminfeuers der starke Luftabzug nicht auf, so daß die Räume sehr schnell ausgekühlt werden.

Um die Brennstoffausnutzung zu verbessern, führt man mitunter die Abgase durch eiserne Rohre, die von entweder aus dem Raume oder dem Freien entnommener Luft umströmt werden (Kaminöfen) (Abb. 2). Hier wird also auch ein Teil der Wärme durch Leitung (Konvektion) übertragen und durch die Öffnungen *A* den Räumen zugeführt.

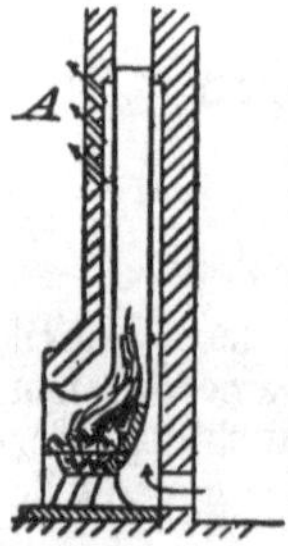

Abb. 2. Kaminofen

Infolge ihrer Nachteile verwendet man bei uns in Deutschland die Kamine nur vereinzelt und meistens nur dort, wo man sich an dem anheimelnden Anblick der offenen Flamme erfreuen will. In Ländern mit milderem, feuchtem und nicht zu stark wechselndem Klima (England) sind dagegen die Kamine sehr beliebt und werden als gesundheitsfördernd angesehen. Man empfindet die Temperaturunterschiede nicht so stark und hat sich an diesen Zustand gewöhnt, wenn auch gelegentlich kalte Winde recht unerfreuliche Erscheinungen mit sich bringen.

Abschnitt 2

Eiserne Öfen

Die eisernen Öfen gehören, wie die Kamine und Kaminöfen, zu den Heizvorrichtungen ohne Wärmespeicherung, da sie nach Erlöschen des Feuers alsbald erkalten. Die zur Beheizung der Umgebung erforderliche Wärme wird jeweils durch Verbrennung einer entsprechenden Brennstoffmenge erzeugt. Zur Vereinfachung des Betriebes sollen die Öfen so ausgebildet sein, daß in ihnen „Dauerbrand" möglich ist, d. h. daß sie einen Füllraum besitzen, der mit einer größeren Menge Brennstoff beschickt wird, die entsprechend dem Wärmeverbrauch des Raumes abbrennt. Das verlangt eine gute Regelfähigkeit des Ofens. Selbstverständlich muß der Betrieb auch wirtschaftlich und hygienisch einwandfrei sein durch größtmögliche Brennstoffausnutzung und Vermeidung jeglicher Staub- und Geruchsbelästigung.

Nach jahrhundertelanger Entwicklung ist es heute gelungen, die Eisenöfen weitgehend diesen Forderungen anzupassen. Wertvolle Arbeit haben hierbei die fachlichen Organisationen der Hersteller mit ihren Vorschriften, die für die Mitglieder bindend sind, geleistet.

Um eine ordnungsgemäße Regelung des Abbrandes zu ermöglichen, ist gute Beschaffenheit der Regelorgane Vorbedingung. Der Ofen muß überall dicht sein und die Türen müssen gut schließen, weil eindringende Nebenluft die Wirtschaftlichkeit des Ofens herabsetzen würde. Um einen einwandfreien hygienischen Betrieb zu gewährleisten, muß der Ofen derart ausgebildet sein, daß er leicht zu reinigen ist und sich kein Staub oder Schmutz an Vorsprüngen oder Verzierungen absetzen kann. Neuzeitliche Öfen haben daher meistens glatte und einfache Oberflächen und sind vielfach emailliert.

In allen Fällen, in denen schnelles Anheizen verlangt wird und kurze Heizzeiten vorkommen, ist der Eisenofen anderen Ofenbauarten vorzuziehen. Da es infolge des Fehlens größerer Massen, die der Wärmespeicherung dienen, möglich ist, Eisenöfen großer Leistung verhältnismäßig klein auszuführen, werden sie in Gegenden, in denen es beim Wohnungswechsel üblich ist, mit den Öfen umzuziehen (Westdeutschland), fast ausschließlich verwendet.

Bei den heutigen eisernen Öfen haben sich, abgesehen von Sonderausführungen, z. B. für Holz-, Torf- und Sägespänefeuerung, grundsätzlich zwei Formen herausgebildet, die alle auf dem Markt vorkommenden Bauarten umfassen, die man

irische Öfen und
amerikanische Dauerbrenner

nennt. Leider hat man dabei die Namen zweier bedeutender deutscher Physiker, die diese Öfen zuerst entwickelten, nämlich Meidinger für den irischen und Wolpert für den amerikanischen Ofen, vergessen.

Den grundsätzlichen Aufbau eines irischen Ofens zeigt Abb. 3. Er wird entweder in eckiger Form aus sorgfältig zusammengepaßten Gußeisenplatten oder in runder Form mit einem Stahlmantel hergestellt. Der hierdurch entstehende Schacht dient als Füllraum zur Aufnahme einer größeren Brennstoffmenge, um längere Brenndauer ohne Nachfüllung zu erreichen. Die äußere Ofenwandung wird durch ein Schamottefutter vor zu starker Erhitzung geschützt. Nach dem Entzünden des Feuers auf dem Rost wird der Ofen bis zu $^2/_3$ der Schachthöhe gefüllt. Man erreicht dadurch den sog. „Durchbrand", wobei der Brennstoff langsam von unten nach oben abbrennt. Damit bei geöffneter Feuertür kein Brennstoff herausfallen kann, erhält der Ofen hinter dieser Tür einen Stehrost. Neuerdings wird statt dessen vielfach eine gußeiserne Vorstellplatte verwendet, an der sich die zusätzlich durch die Feuertür der Feuerung zugeführte Verbrennungsluft erwärmt. Der Hauptteil der Verbrennungsluft strömt von unten durch den Rost zu. Durch dieses sog. Zweitluftverfahren wird der Ofen zum **Allesbrenner**, d. h., er kann auch für langflammige Brennstoffe, die beim Verbrennen Schwelgase entwickeln, verwendet werden, da infolge des Zutritts der Zweitluft auch diese verbrannt werden. Die Leistung des Ofens wird durch die Verbrennungsluft, die durch im Querschnitt veränderbare Öffnungen in der Aschen- und gegebenenfalls auch der Feuertür zugeführt wird, geregelt.

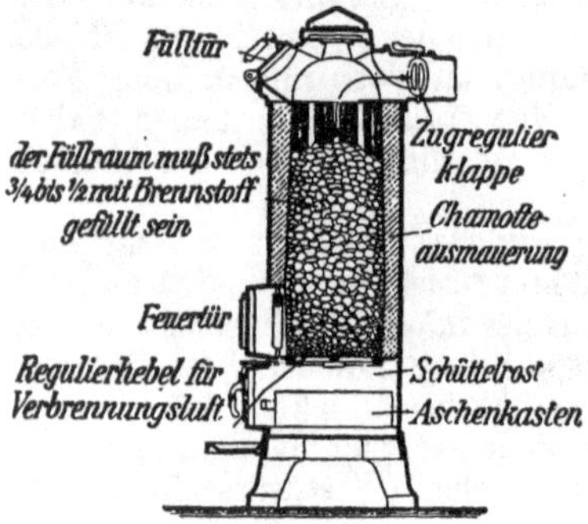

Abb. 3. Irischer Ofen

Bei den einfachen irischen Öfen ziehen die Abgase aus den oberen Teil des Verbrennungsschachtes unmittelbar in den Schornstein. Zur Erhöhung der Brennstoffausnutzung verlängert man bei großen Öfen den Weg der Abgase durch Rohrzüge. Abb. 4 zeigt einen irischen Ofen mit sog. **Sturzzug**. Die Abgase strömen aus dem Verbrennungsraum durch das angehängte Rohr zunächst nach unten und dann wieder nach oben zum Schornstein. In dem Zwischenraum zwischen Ofen und Mantel wird die zugeführte Frischluft, die wahlweise aus dem Freien oder aus dem Raum entnommen werden kann,

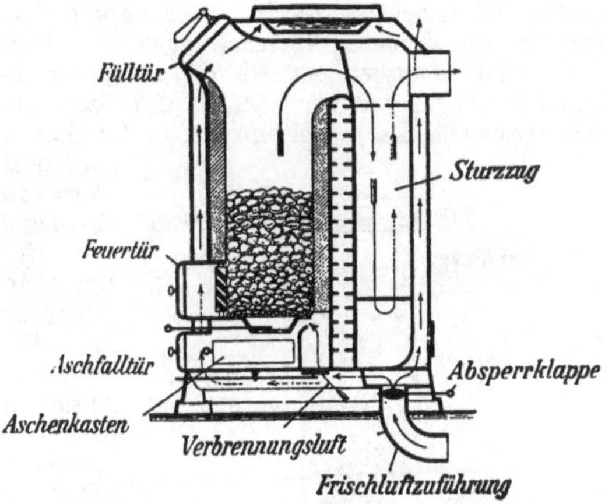

Abb. 4. Größerer irischer Ofen mit Sturzzug

erwärmt. Der Ofen kann also gleichzeitig Lüftungszwecken dienen.

Verlegt man die Rohrzüge für die Verbrennungsgase über den Verbrennungsraum, so entsteht die in Abb. 5 dargestellte Ofenform, die vornehmlich zur Großraumheizung, also für Fabrikräume, Säle usw., Verwendung findet.

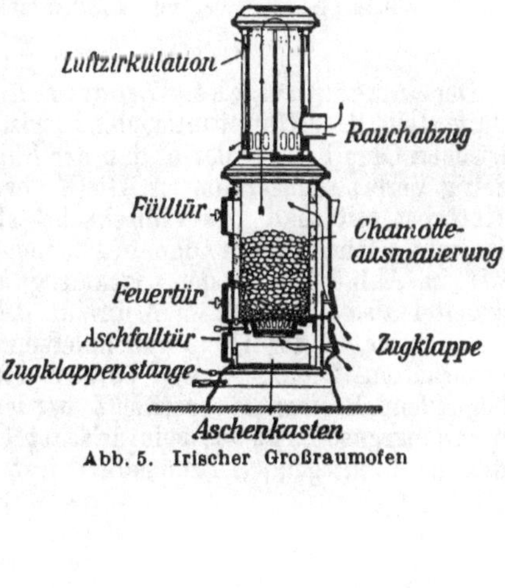

Abb. 5. Irischer Großraumofen

Eine Sonderform des irischen Ofens ist in Abb. 6 gezeigt. Hier ist die Abführung der Verbrennungsgase so ausgebildet, daß oben eine Kochkachel eingebaut werden kann. Diese Ofenform ist namentlich in kleineren Haushaltungen sehr beliebt.

Die Öfen sollen so ausgebildet sein, daß sie längere Zeit im Dauerbrand betrieben werden können, d.h. daß sie ohne Reinigung (Ausschlacken) weiterbrennen. Es hängt sehr stark von dem verwendeten Brennstoff ab, wie oft man eine Reinigung vornehmen muß. Bei Verwendung von Anthrazit können sehr lange Dauerbrandzeiten erreicht werden, weil sich nur sehr wenig Asche bildet, die leicht durch den Schüttelrost entfernt werden kann.

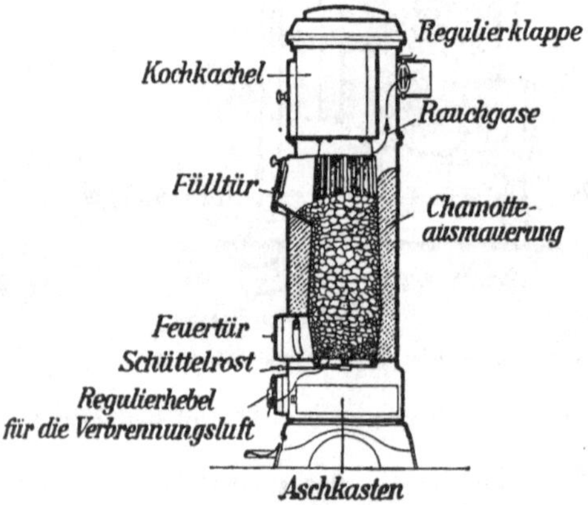

Abb. 6. Irischer Ofen mit Kochkachel

Der amerikanische Dauerbrandofen ist in Abb. 7 dargestellt. Der Hauptunterschied zwischen diesem und dem irischen Ofen besteht darin, daß der Füllschacht nicht gleichzeitig Verbrennungsraum ist. Die Verbrennung findet in dem Korbrost unterhalb des Füllschachts statt, und die Abgase strömen seitlich in den Ofen, gegebenenfalls auch in die Züge, wie in Abb. 7 durch den Sockelzug angegeben. Der Ofen arbeitet also mit unterem Abbrand, d.h., das Feuer wird in einer stets in der Höhe gleichbleibenden Brennstoffschicht unterhalten. Derartige Öfen können daher auch mit dichter liegendem Brennstoff beschickt werden, da sich die Verbrennungsgase nicht wie beim irischen Ofen ihren Weg durch den darüberliegenden Brennstoffvorrat bahnen müssen. Mit

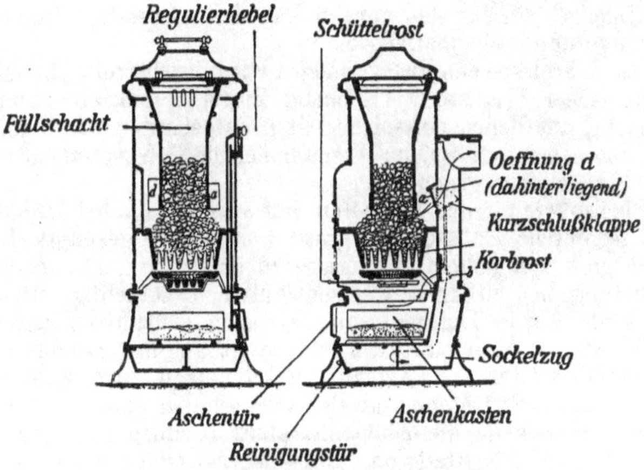

Abb. 7. Amerikanischer Dauerbrandofen

Vorliebe verwendet man in den „Amerikanern" feinkörnigen Anthrazit, der billiger ist als grobstückiger und der gestattet, den Ofen den ganzen Winter hindurch in Betrieb zu halten, da Rauch- und Rußbildung ausgeschlossen ist und die Asche leicht entfernt werden kann.

Der Wirkungsgrad eines guten, sauber gehaltenen Ofens beträgt 70 bis 80 v. H., wobei in den letztbeschriebenen Öfen der höhere Wert erreicht wird.

Abschnitt 3
Kachelöfen

Die Kachelöfen sind Öfen mit Wärmespeicherung, d. h., sie haben die Eigenschaft, verhältnismäßig schnell erzeugte Wärmemengen aufzuspeichern, so daß der Ofen, wenn das Feuer erloschen ist, noch lange seine Wärme in milder Form an den zu beheizenden Raum abgibt.

In den meisten Fällen genügt ein einmal tägliches Hochheizen des Ofens durch Verbrennen einer größeren Brennstoffmenge, um für den ganzen Tag die notwendige Raumtemperatur durchzuhalten.

Das Wärmespeicherungsvermögen wird durch große Massen keramischer Werkstoffe (Kacheln, Ziegel, gebrannter Ton) erreicht, aus denen ein solcher Ofen aufgebaut wird. Damit ist, abgesehen von einigen Ausnahmen, die Ortsgebundenheit des Kachelofens gegeben.

Ebenso wie bei den Eisenöfen, hat auch im Kachelofenbau die technische Entwicklung große Fortschritte gezeitigt. Es sind Öfen von hohem Wirkungsgrad entstanden, indem die Feuerung neuzeitlichen wärmetechnischen Gesichtspunkten angepaßt wurde. Die heute im Gegensatz zu früheren Zeiten mehr oder weniger glatte Oberfläche ist aus der Erkenntnis entstanden, daß vorkragende Bekrönungen und anderer Zierat die Luftströmung an den Ofenwänden und damit die Wärmeabgabe an die Außenluft stark beeinträchtigen und gleichzeitig der Fortfall von Staubablagerungsflächen leichtere Reinigungsmöglichkeiten gibt.

Durch Einbau von Luftkanälen und Ausnutzung der Boden- und Rückenflächen des Ofens zur Beheizung, indem man den Ofen auf Füße stellte und von der Wand entfernte, hat man die Wärmeabgabe der Kachelöfen erheblich verbessern können. Einen derartigen neuzeitlichen Ofen zeigt Abb. 8. Der Feuerraum des Ofens, der aus Schamottesteinen hergestellt ist, ist verhältnismäßig hoch, obwohl sich die Fülltür dicht über dem Rost befindet. Über dem eingefüllten Brennstoff verbleibt also ein größerer freier Raum, in dem sich die Verbrennungsgase innig mit der Verbrennungsluft mischen können. Deshalb kann der Luftüberschuß verringert werden, und

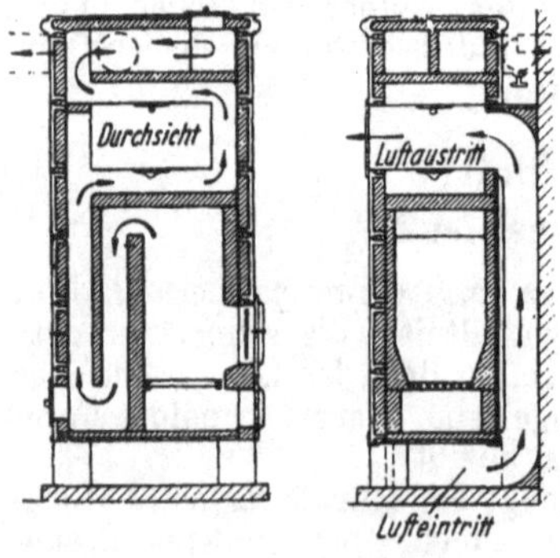

Abb. 8. Kachelofen

der Wirkungsgrad steigt. Die Feuergase durchströmen dann die Kanäle des Ofens in vielen Windungen und geben dabei ihre Wärme an die Kacheln ab. Im oberen Teile des abgebildeten Ofens befindet sich eine eiserne Muffel, die durch die Verbrennungsgase von außen beheizt wird und den Zweck hat, eine Luftumwälzung vom Fußboden des Raumes durch den dargestellten Luftkanal herzustellen. Gleichzeitig kann sie auch dem Warmhalten von Speisen dienen.

Nachdem der Brennstoff abgebrannt ist, müssen die Füll- und Aschenfalltüren dicht geschlossen werden, damit kein Abströmen der aufgespeicherten Wärme zum Schornstein durch eintretende Luft erfolgt.

Die Außenflächen derartiger Kachelöfen bestehen meistens aus farbig glasierten Kacheln genormter Größe, die sehr leicht zu reinigen sind.

Eine andere Form des Kachelofens ist der sog. Einsatzofen (Abb. 9). Ein eiserner, nach Art der irischen oder amerikanischen Öfen arbeitender Dauerbrandeinsatz ist frei in einem Kachelmantel aufgestellt, der derart ausgebildet ist, daß die Zimmerluft von unten nach oben zwischen Einsatz und Kachelwänden hindurchströmen und sich dabei erwärmen kann. Die Abgase aus dem Feuerraum durchströmen ihrerseits in gesonderten Zügen den Kachelaufbau und erwärmen ihn. Diese Ofenform hat den Vorteil, daß die Erwärmung des Raumes schneller einsetzt als bei den gewöhnlichen Kachelöfen, deren große Massen erst langsam aufgeheizt werden und sich daher die Wärmeabgabe besser dem Wärmebedarf anpassen läßt.

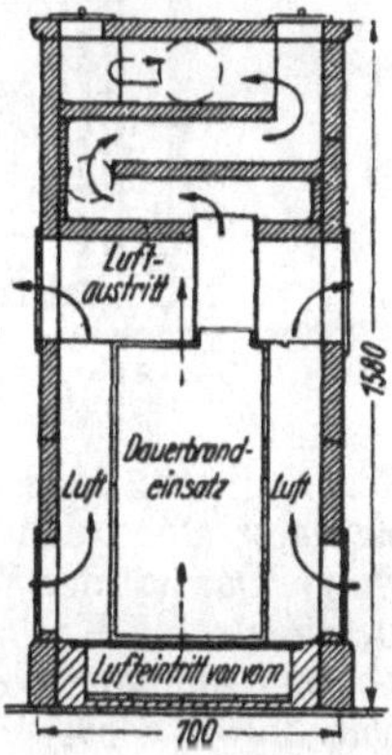

Abb. 9. Kacheleinsatzofen

Häufig werden derartige Kachelöfen zur Beheizung mehrerer nebeneinanderliegender Räume benutzt, indem man sie in die Trennwände einbaut. Abb. 10 zeigt einen solchen

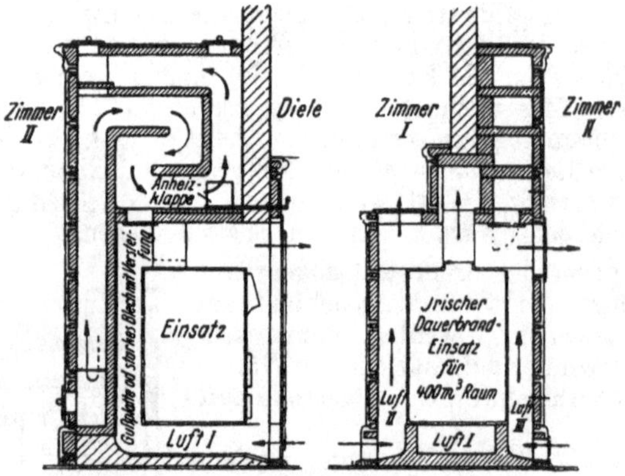

Abb. 10. Kachelofen für mehrere Räume

Ofen, bei dem die Bedienung des hinter einer eisernen Vorsetzplatte stehenden Dauerbrandeinsatzes von der Diele aus erfolgt. Das hat den Vorteil, daß in den angrenzenden Räumen nur die glatten Kachelwände sichtbar sind und aus diesen die bei der Bedienung des Feuers unausbleibliche Verschmutzung ferngehalten wird.

Es bedarf keiner Frage, daß der Kachelofen in Wohnräumen einen sehr behaglichen Eindruck macht und deshalb gern gesehen wird. Gute Ausführungen aus glasierten Kacheln sind teurer als Eisenöfen gleicher Wärmeleistung. Auch muß man damit rechnen, daß nach einer Reihe von Betriebsjahren der Ofen abgebaut und neu gesetzt werden muß, da mit der Zeit infolge des wechselnden Warmwerdens und Erkaltens durch Lockerung des Zusammenhalts der Kacheln Undichtigkeiten entstehen.

Grundsätzlich ist im Kachelofen die Verwendung jeden Brennstoffes möglich, allerdings müssen bei der Heizung mit Holz und Torf Sonderbauarten verwendet werden, die es ermöglichen, dem Verbrennungsraum die für die Verbrennung dieser Brennstoffe erforderlichen großen Zweitluftmengen zuzuführen.

Um den Kachelofen dem eisernen Ofen anzugleichen, hat man bewegbare Ausführungsformen entwickelt, indem man die Kacheln in eiserne Rahmen einsetzte. Solche Öfen können aber niemals ein größeres Speicherungsvermögen haben, da die Massen der hierzu notwendigen keramischen Werkstoffe sonst zu groß und damit die Öfen zu schwer würden. Auch sind sie gegen Beschädigungen beim Transport sehr empfindlich. Trotzdem sind diese Öfen recht beliebt und werden daher gerne verwendet.

Abschnitt 4

Gaseinzelheizung

Die Raumheizung mit Gas findet heute zunehmende Verwendung. Sie verbindet die Vorzüge rascher Betriebsbereitschaft und guter Regelbarkeit, d.h. Anpassung an den jeweiligen Heizbedarf, mit den Annehmlichkeiten einer einfachen und mühelosen Bedienung sowie mit Sauberkeit und Raumersparnis durch Fortfall der Beförderung und Lagerung von festen Brennstoffen und Asche. Während bisher ihr Anwendungsbereich wegen der hohen Betriebskosten überwiegend auf Sonderfälle wie Übergangsheizung und Beheizung nur zeitweilig benutzter Räume beschränkt blieb und auch Befürchtungen vor Vergiftungs- und Zerknallgefahren der allgemeinen Einführung entgegenwirkten, ist heute infolge der vorgenommenen Verbesserungen sowie einer günstigen Tarifgestaltung für Heizgas eine zunehmende Verbreitung festzustellen.

Ein Bild der Wirtschaftlichkeit der Verwendung des Gases zu Heizzwecken vermitteln (nach Schwank) folgende auf Grund langjähriger Beobachtungen gewonnenen Verhältniszahlen. Praktisch ist bei der Zentralheizung — unter Einrechnung aller Kosten für Anlagenabschreibung, Beschaffung und Lagerung der Brennstoffe, Bedienungsaufwand usw. — etwa 1 m^3 Gas = 0,8 bis 1 kg Kohle zu setzen. Bei Verwendung von Gas in Einzelfeuerstätten ist etwa 1 m^3 Gas = 1,5 bis 2 kg Kohle anzusetzen. Damit läßt sich an Hand der Kohlenpreise sowie der Heizgastarife die Wirtschaftlichkeit der

Gasverwendung zur Raumbeheizung ermitteln. Für die Erwärmung nur vorübergehend benutzter Räume werden die Zahlenwerte sogar noch wesentlich günstiger.

Gas wird zur Raumheizung im Gaseinzelofen, im Gasluft-erhitzer und im gasgefeuerten Zentralheizungskessel verwendet. Die beiden letzteren Verwendungsarten werden später behandelt, so daß an dieser Stelle lediglich die Gaseinzelöfen zu besprechen sind.

Die Wärmeabgabe der Gasheizöfen erfolgt entweder durch Strahlung, d. h. die Wärmeabstrahlung mit Gas beheizter Heizkörper oder Flächen, durch Leitung, d. h., die an den Heizflächen des Ofens vorbeiströmende Luft wird erwärmt, oder durch eine Vereinigung beider Arten.

Die Strahlungsöfen benutzen die Strahlung leuchtender Gasflammen, der durch einen Metallspiegel (Reflektor) die Richtung gegeben wird, oder von Glühkörpern aus keramischen Stoffen, die durch Gasflammen zum Glühen gebracht werden. Da hierbei ein Teil der Wärme in den Abgasen verbleibt, ist man dazu übergegangen, die Öfen so auszubilden, daß auch die Abgaswärme weitmöglichst ausgenutzt wird.

Einen Gasofen mit Metallspiegel zeigt Abb. 11. Die strah-

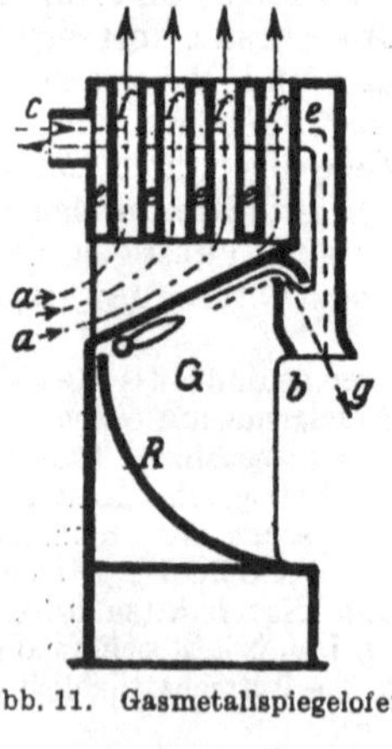

Abb. 11. Gasmetallspiegelofen

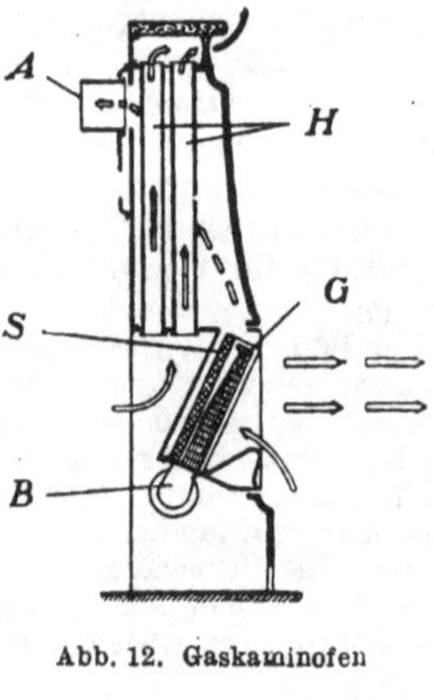

Abb. 12. Gaskaminofen

lende Wärme der Brennerreihe *G* wird durch den Metallspiegel *R* aufgenommen und waagerecht in den Raum geworfen. Die heißen Abgase umströmen dann ein Bündel senkrechter Rohre *f*, in denen bei *a* zuströmende Luft erwärmt wird. Die Verbrennungsgase ziehen bei *c* in den Schornstein.

Bei dem in Abb. 12 dargestellten Gaskaminofen ist der Metallspiegel durch eine Reihe durchbrochener Glühkörper *G* aus Magnesia ersetzt, die durch darunterliegende Bunsenbrenner zur Hellrotglut erhitzt werden. Eine hinter den Glühkörpern angebrachte Schamottewand sorgt dafür, daß die Strahlung restlos dem Raume zugeführt wird. Die abziehenden Verbrennungsgase umströmen dann ebenfalls ein Rohrbündel *H*, in dem sie ihre Wärme abgeben, und ziehen bei *A* ab.

Da die keramischen Glühkörper alter Art sehr empfindlich gegen Bruch sind, wurden Glühplattenstrahler entwickelt. Diese bestehen aus einer perforierten keramischen Platte, die auch als Katalytkörper dient. Dieser Platte wird durch einen Injektor ein Gas-Luft-Gemisch zugeführt, das nahezu flammenlos verbrennt und die Strahlplatte auf etwa 800 bis 900° C erwärmt. Es entstehen dann überwiegend infrarote Wärmestrahlen, die unmittelbar nach Inbetriebnahme eine vom menschlichen Körper als angenehm empfundene Wirkung hervorrufen.

Einen mit einer derartigen Strahlplatte „Gasstrahlkamin" (nach Schwank) ausgerüsteten Gasofen zeigt Abb. 13. *S* ist die Strahlplatte, die ihre strahlende Wärme durch ein Gitter an den Raum abgibt. Die Abgase ziehen durch Abzugskanäle *A* zum Abzug und geben die in ihnen enthaltene Abgaswärme durch Berührung an die Luft ab, die in das Gerät bei *K* eintritt und es nach Erwärmung bei *W* wieder verläßt. *R* ist das Regelventil mit der Gaszuleitung *G*. Der Wirkungsgrad derartiger Geräte liegt bei 85%. Bemerkenswert ist es, daß es mit derartigen Strahlplatten möglich ist, örtlich begrenzte Räume, z. B. einzelne Arbeitsplätze in großen unbeheizten Fabrikhallen, zu beheizen. Hierauf wird noch einzugehen sein. (Vlg. Abschn. 19.)

Auf anderer Grundlage arbeiten die Heizglieder- (Element-) Öfen, bei denen nur die Leitungswärme der Verbrennungsgase ausgenutzt wird. Eine Reihe senkrechter Rohre ist nach Art der Gliederheizkörper zusammengesetzt (Abb. 14). Unter jedem befindet sich eine durch ein Schauloch zu beobachtende Flamme. Die Abgase ziehen durch die Rohre zum Schornstein und geben ihre Wärme an die aufwärts strömende Raumluft ab. Vor dem Abzugsrohr ist zur Aufnahme des entstehenden Schwitzwassers ein Wassersack angebracht.

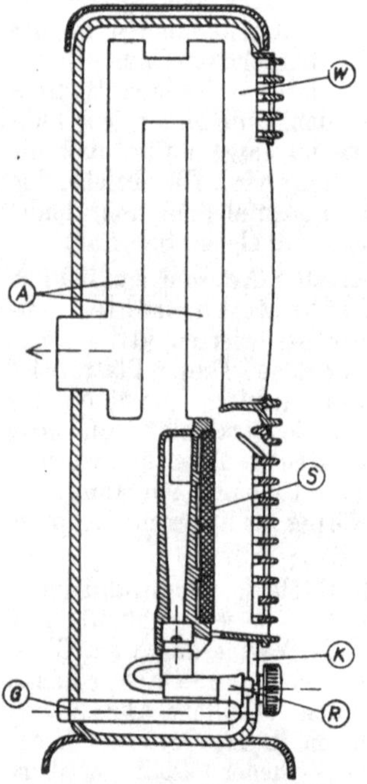

Abb. 13. Gasofen mit Strahlplatte (Schwank—Haller)

Der in Abb. 15 dargestellte Gasheizofen beruht auf der gleichen Arbeitsweise. Er wird an eine Wand gehängt. Hinter der abnehmbaren, mit Gitter *e* versehenen Vorderschale befindet sich die Heizkammer *a*, die durch den Gasbrenner *f* erwärmt wird. Die Luft steigt vor und hinter der Heizkammer in die Höhe. Durch *b* ziehen die Abgase zum Schornstein, *c* ist die Rückstausicherung, auf deren Bedeutung unten eingegangen wird.

Wenn Gaseinzelöfen zur Dauerbeheizung von Räumen verwendet werden, sollten sie mit einer selbsttätigen Regeleinrichtung zur Einhaltung einer voreingestellten Raumtemperatur versehen sein sowie mit einer Sicherheitseinrichtung, die beim Ausbleiben der

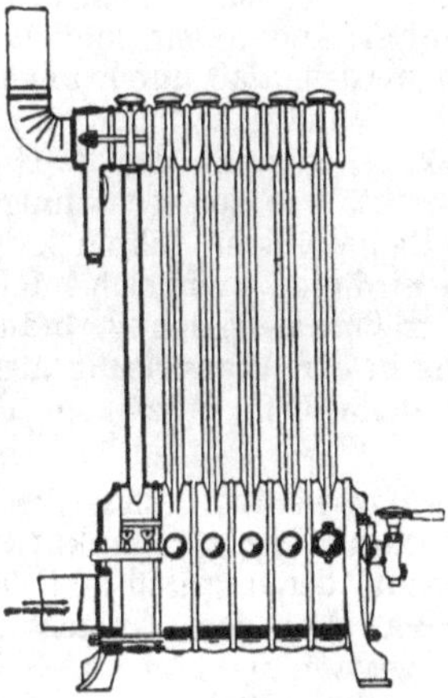

Abb. 14. Gasheizgliederofen (Meurer)

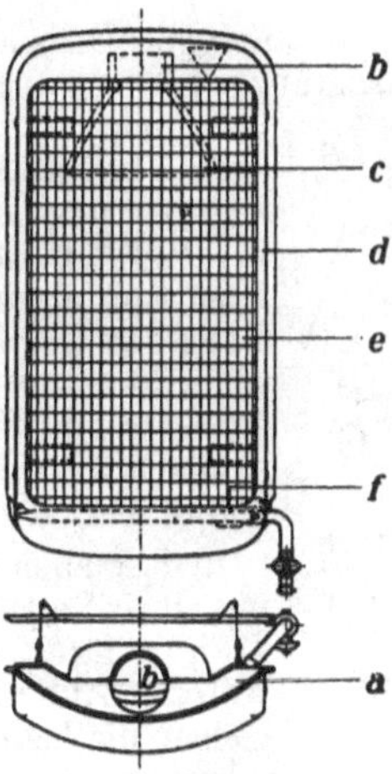

Abb. 15. Gasheizofen (Junkers)

Gaszufuhr und Erlöschen der Zündflamme die Gaszuleitung absperrt, so daß nicht größere Mengen unverbrannten Gases austreten können, die dann zu Verpuffungen oder Vergiftungen führen können.

Mit besonderer Sorgfalt müssen die Abgasabzüge ausgeführt werden. Da sich bei den Gasbrennern das Gas selbsttätig mit der Verbrennungsluft mischt, dienen die Abzüge nicht zum Ansaugen der erforderlichen Luftmengen, sondern nur zur Abführung der entstehenden Abgase. Wegen der geringen treibenden Kräfte ist der Gasabzug sehr viel empfindlicher gegen Störungen als ein Schornstein für Feuerungen mit festen Brennstoffen. Die Abzugskanäle müssen daher ohne störende Ablenkungen senkrecht über den Dachfirst hinaus und aus Staugebieten vor benachbarten Bauteilen herausgeführt werden. Damit die Abgase nicht infolge zu großen Schornsteinzuges zu schnell, d.h. bevor sie ihre Wärme weitmöglichst abgegeben haben, abziehen, verwendet man in der Abgasleitung sog. Zugunterbrecher. Andererseits muß auch unbedingt vermieden werden, daß durch ungünstige Temperatur- oder Windverhältnisse in der Abgasleitung ein Rückstau entsteht, der die Gase in den Ofen zurücktreibt, was zu Verpuffungen oder Störungen der Rauminsassen führen kann. Besonders gefährlich wird dies, wenn sich infolge undichter Gasventile größere Mengen unverbrannter Gase im Ofen oder in der Abgasleitung angesammelt haben, die dann beim Anzünden des Ofens zerknallen.

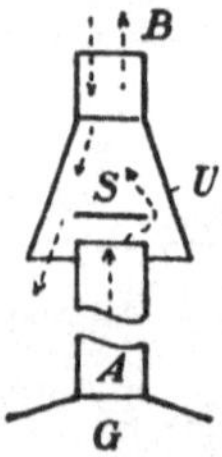

Abb. 16. Zugunterbrecher und Rückstausicherung für Gasgeräte

In fast allen Gasgeräten werden deshalb heute mit einem Zugunterbrecher vereinigte Rückstausicherungen eingebaut, deren grundsätzlichen Aufbau Abb. 16 zeigt. Aus dem Gasgerät *G* ziehen die Verbrennungsgase durch *A* ab. *U* ist der Zugunterbrecher, der derart wirkt, daß bei zu starkem Zug seitlich Luft angesaugt wird. Eine Rückstauscheibe *S* schützt das Gerät vor dem Zurückströmen der Abgase. *B* ist der Anschluß an den Schornstein. Um ein sicheres Arbeiten dieser Einrichtung zu gewährleisten, sollten die Längen von *G* bis *U* und von *U* bis *B* jede mindestens 50 cm betragen.

Grundsätzlich besteht die Vorschrift, daß Abgase von Gasheizgeräten nicht in Rauchkanäle eingeführt werden dürfen, an die andere Feuerstätten, insbesondere Zentralheizungskessel, angeschlossen sind. Es ist zweckmäßig, die Gaszuleitungen immer reichlich zu bemessen. Häufig findet man Anlagen, bei denen das unbefriedigende Arbeiten des an sich ausreichenden Gerätes ausschließlich auf eine zu knappe Gaszuleitung zurückzuführen ist. Gasheizgeräte sollten stets mit ausreichender Belastung betrieben werden, da sie sehr empfindlich gegen Minderbelastungen sind. Bei Minderbelastung neigen sie zur Kondensation des in den Abgasen vorhandenen Wasserdampfes an den kaltgeblasenen Heizflächen und damit zu starken Anrostungen. Es ist daher zweckmäßig, in den Übergangszeiten die Heizgeräte stoßweise zu betreiben, falls die vorhandenen Regler nicht ohnehin den stoßweisen Betrieb erzielen.

Abschnitt 5

Elektrische Einzelheizung

Bei der Heizung mit elektrischer Energie findet man, wie bei der Gasheizung, die reine Strahlungsheizung und die Strahlungs- und Leitungswärmeübertragung nebeneinander. Benutzt wird bei der Strahlungsheizung die durch einen geeigneten Spiegelschirm (Reflektor) gerichtete und gebündelte Wärmestrahlung eines durch elektrischen Strom zum Glühen gebrachten Widerstandsdrahtes oder -körpers. Die einfachste Form dieser Heizgeräte ist die allerdings nur für kleinere Leistungen benutzte Heizsonne (Abb. 17). Die größeren elektrischen Widerstandsöfen, die grundsätzlich auch die Wärmestrahlung eines glühenden Drahtes oder Stabes verwenden, sind zumeist so ausgebildet, daß neben der durch Spiegelschirme bewirkten Strahlungsheizung auch eine Wärmeübertragung durch Leitung (Konvektion) stattfindet. Der Ofen ist dann derart gebaut, daß die Raumluft zwischen den Widerstandsdrähten hindurchströmen und sich dabei erwärmen kann.

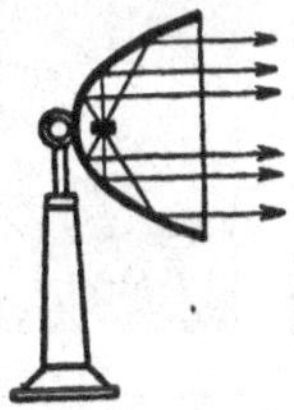

Abb. 17. Elektr. Heizsonne

Ein Beispiel der in vielfach verschiedenen Ausführungen gebauten Widerstandsöfen zeigt Abb. 18. Der Ofen besteht aus einem an die Wand gehängten Blechgehäuse mit gelochter Platte an der Vorderseite, durch die die erzeute Wärme in den Raum tritt. Der Schnitt zeigt die nebeneinanderliegenden, aus gewundenen Drähten hergestellten Heizwiderstände. Der Ofen kann durch die seitlich sichtbaren Schaltgriffe auf volle oder halbe Leistung gestellt werden.

Vielfach ist man dazu übergegangen, den Widerstandsdraht um meist stabförmige Körper aus feuerfestem Stoff zu wickeln, die zum Erglühen gebracht werden. Hierdurch wird die Wärmestrahlung beträchtlich erhöht.

Eine weitere Form der elektrischen Raumbeheizung ist der Einbau von Heizpatronen in Heizkörper. Diese können sowohl in vorhandene Gliederheizkörper eingebaut werden, z. B. wenn in der Übergangszeit nur ein einzelner Raum beheizt werden soll. Die Heizpatrone wird in den Heizkörper an Stelle des blinden unteren Verschlußstopfens eingesetzt. Nach Einschalten der Patrone wird der Wasserinhalt des Heizkörpers erwärmt. Die Patrone kann auch bei in Betrieb befindlicher Zentralheizung in dem Heizkörper verbleiben.

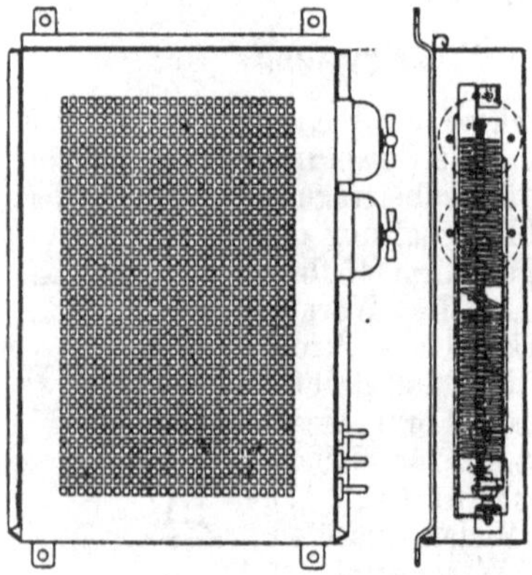

Abb. 18. Elektrischer Widerstandsofen

Ausgehend von dieser Bauart wurden bewegliche Raumheizkörper entwickelt, die aus einem auf Rollen gesetzten Stahlheizkörper mit Wasser- oder Ölfüllung und eingebauter Heizpatrone bestehen.

Derartige elektrische Heizgeräte werden mit einer Leistung von 1000 bis 2000 Watt geliefert. Ein Gerät mit einer Leistung von 2000 Watt soll für die Beheizung eines Raumes von 50 m^3 ausreichen. Durch die Möglichkeit der Einschaltung verschiedener Stufen sind die Geräte sparsam im Verbrauch. Die erhitzte Füllung des Gerätes gibt noch längere Zeit nach dem Abschalten fühlbare Wärme an den Raum ab. Es ist daher eine weitere Einsparungsmöglichkeit durch unterbrochene Betriebsweise gegeben.

Abschnitt 6

Leistung und Größenwahl der Öfen

Grundlage für Errechnung der Heizleistung und die Größenwahl eines Ofens für feste Brennstoffe ist die wirksame Heizfläche, d. h. der Teil seiner Oberfläche, der auf der einen Seite durch den glühenden Brennstoff oder die Abgase erwärmt und auf der anderen Seite von der Raumluft bestrichen wird. Über die Größe der Heizfläche eines Ofens geben die Preislisten der Ofenhersteller Auskunft.

Im allgemeinen rechnet man bei irischen Öfen mit einer stündlichen Wärmeabgabe von etwa 4000 kcal je m^2 wirksame Heizfläche, bei amerikanischen Dauerbrandöfen für Anthrazit mit etwa 3000 kcal/m^2.

Bei Kachelöfen, deren Feuerraum mit dem Ofen vereinigt ist und deren gesamte Oberfläche aus glasierten Kacheln besteht (etwa wie Abb. 8), werden rd. 800 kcal/m^2 angenommen. Bei Kachelöfen mit eisernem Dauerbrandeinsatz berechnet man die Heizleistung nicht nach der Kachelfläche, sondern nach der Größe des eisernen Einsatzes gemäß den Werten für eiserne Öfen.

Für die Heizleistung der Gasheizöfen und elektrischen Heizgeräte können die Heizleistungen nur nach den Angaben der Hersteller in kcal/h oder in kcal je m^3 Gas oder kWh elektrischer Energie angesetzt werden.

Die sicherste Unterlage für die Größenwahl eines Ofens gibt die in Band I angegebene Wärmebedarfsrechnung unter Berücksichtigung obiger Leistungsabgaben bei Dauerbetrieb. Da aber in den meisten Fällen beim Ankauf eines Ofens kein Heizungsfachmann hinzugezogen wird, war es nötig, den Aufbau der Wärmebedarfsermittlung bei Einzelöfenanlagen wesentlich zu vereinfachen. Es ist daher üblich, die Größenwahl von Einzelöfen anhand von Richtlinienwerken vorzunehmen.

Der Fachverband Heiz- und Kochgeräteindustrie, Frankfurt, gibt Richtlinien für die Bemessung der Größen von Zimmerheizöfen heraus. Für Kachelöfen sind brauchbare Angaben in den „Reichsgrundsätzen für den Kachelofen- und Kachelherdbau", Alb. Lüdtke Verlag, Berlin 1939, und für Gasheizgeräte der Veröffentlichung des Deutschen Vereins von Gas- und Wasserfachmännern „Häusliche Gasfeuerstätten und -geräte für Niederdruckgas" enthalten. Im übrigen geben auch die Angaben der Lieferwerke einen Anhalt für die Größenwahl. Für elektrische Öfen sind, soweit bekannt, solche Hilfstafeln bisher nicht vorhanden, jedoch lassen sich mit genügender Genauigkeit die Tafeln für Gasgeräte verwenden, da die beiden Geräteformen die volle Heizleistung sehr bald nach Inbetriebnahme abgeben.

Grundsätzlich ist zu empfehlen, den Ofen stets etwas größer, als der Rechnung entspricht, zu wählen. Die Erfahrung hat gelehrt, daß ein reichlicher Ofen im allgemeinen sparsamer ist als ein knapp bemessener. Die erhöhten Ausgaben bei der Anschaffung machen sich durch Einsparungen im Betriebe rasch bezahlt. Überlastete Öfen arbeiten dagegen recht unwirtschaftlich. Hinzu kommt, daß infolge der oftmals nicht sachgemäßen Behandlung und mangelnden Pflege meistens bald eine Leistungsminderung eintritt, die dann durch übermäßiges Heizen auszugleichen versucht wird, wenn der Ofen knapp bemessen ist.

II. Teil

Ausführung der Luftheizungen

Abschnitt 7

Feuerluftheizungen

Bei den Luftheizungen ist zu unterscheiden zwischen Ausführungsformen, bei denen die Umwälzung der als Wärmeträger dienenden Luft nur durch den thermischen Auftrieb der erwärmten Luft bewirkt wird, und Bauarten, bei denen der Luftumlauf durch ein Gebläse bewirkt wird. Erstere sollen als „Feuerluftheizungen", letztere als „Kraftluftheizungen" bezeichnet werden. Die Erwärmung der Luft erfolgt entweder im unmittelbar gefeuerten Lufterhitzer (feste Brennstoffe, Gas, Öl) oder durch Heizregister, die durch Dampf, seltener Heißwasser, erwärmt werden. Wo Abgase genügend hoher Temperatur von Industrieöfen u. dgl. zur Verfügung stehen, besteht auch die Möglichkeit, diese zur Lufterhitzung auszunutzen.

Die Feuerluftheizung hat in der letzen Zeit sehr viel an Bedeutung verloren. Da sie jedoch auch heute noch in Einzelfällen gerne verwendet wird, seien nachstehend kurz einige Ausführungsformen besprochen:

Die in Abschn. 3 behandelten Einsatzkachelöfen zur Beheizung mehrerer Räume bilden den Übergang zur zentralen Feuerluftheizung. Diese vereinfachte Form der Luftheizung nimmt aber eine Sonderstellung ein, weil ihre Berechnung wegen des Fehlens eigentlicher Zu- und Abluftkanäle nicht nach dem in Band I, Abschnitt 22 angegebenen Verfahren erfolgt. Die Bestimmung der Heizleistung erfolgt vielmehr durch eine der Größe der strahlenden Kachelflächen bzw. der Luftaustrittsöffnungen entsprechende anteilige Verteilung der Gesamtheizleistung des eisernen Einsatzes auf die einzelnen Räume. Es sei aber nochmals darauf hingewiesen, daß die im folgenden behandelten Grundsätze der Feuerluftheizungsöfen auch für die Mehrzimmerkachelöfen Geltung haben.

Bei der Ausführung der Feuerluftheizungsöfen sind folgende Punkte grundsätzlich zu beachten:

1. Die Bedienung der Feuerstelle muß stets außerhalb der Lufterwärmungskammern stattfinden.

2. Die Öfen müssen so ausgebildet sein, daß Undichtigkeiten, durch die sich die Verbrennungsgase mit der Heizluft mischen können, möglichst vermieden werden. Deshalb sollen

a) die dem Feuer unmittelbar ausgesetzten Ofenteile durch Ausmauerung mit feuerfestem Werkstoff vor zu starker Erwärmung geschützt sein,

b) die Zahl der Verbindungsfugen einzelner Ofenteile möglichst gering sein.

3. Die Öfen müssen innen und außen leicht gereinigt werden können, daher sind Waagerechtflächen, auf denen sich Staub ablagern kann, und Winkel tunlichst zu vermeiden bzw. so auszubilden, daß sie nicht zugänglich sind.

Der gußeiserne Luftheizungsofen Bauart Kori (Abb. 19) wird für große Räume und Kirchen verwendet. Der Feuerungsraum ist mit einem Wärmeschutz aus feuerfesten Formsteinen versehen. Die Feuergase durchstreichen die strahlenförmig angesetzten Heizkästen *H* von oben nach unten und ziehen unterhalb des Aschenraumes zum Schornstein ab. Die Heizkästen werden durch die bei *K* eintretende Kaltluft außen bestrichen.

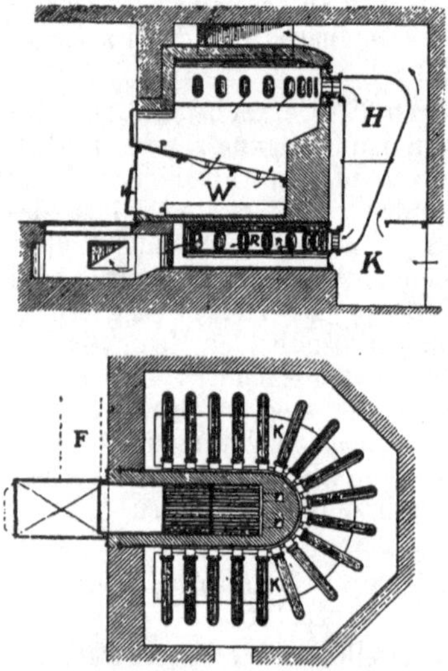

Abb. 19. Gußeis. Luftheizungsofen in gemauerter Heizkammer (Kori)

Der Luftheizungsofen Bauart Wellen (Abb. 20) ist aus SM-Stahl hergestellt. Es handelt sich um einen Allesbrenner. Infolge der vorhandenen Zweitluftzuführung wird eine restlose Verbrennung unverbrannter Bestandteile der Feuergase erreicht.

Die vorhandenen Abgaswärmeausnutzer sind wahlweise einschaltbar. Dadurch wird ein günstiger Wirkungsgrad sowie eine gute Anpassung an wechselnden Wärmebedarf erreicht. Der Ofen wird in einer gemauerten Heizkammer aufgestellt.

Abb. 21 zeigt dagegen einen Luftheizungsofen, bei dem um

den schmiedeeisernen Ofeneinsatz die Heizkammer aus Eisenblechen herumgebaut ist. Diese Ofenart vermeidet alle Maurerarbeiten und hat einen geringeren Raumbedarf. Die Heizgase strömen aus dem Feuerraum *F*, dessen unterer Teil feuerfest ausgekleidet ist, durch angesetzte Heizrohre *H* zum Schornstein. Die erwärmte Heizluft wird durch an die Austrittsstutzen *B* angeschlossenen Blechrohre abgeleitet, die zweckmäßig mit Wärmeschutz umgeben werden, um eine zu große Erwärmung der Kellerräume zu vermeiden.

Abb. 20. Luftheizungsofen mit Abgaswärmeverwertung (Wellen)

Zur Vermeidung von Wärmespannungen, die an den Geräten Schäden verursachen können, sowie der lästigen Staubverschwelung soll die Beanspruchung der Heizfläche nicht zu hoch getrieben werden. Im allgemeinen wird je m² Oberfläche mit einer stündlichen Wärmeabgabe von rd. 2000 kcal bei glatter und 1200 bis 1500 kcal bei gerippter Oberfläche — die Rippenflächen einschließlich — gerechnet.

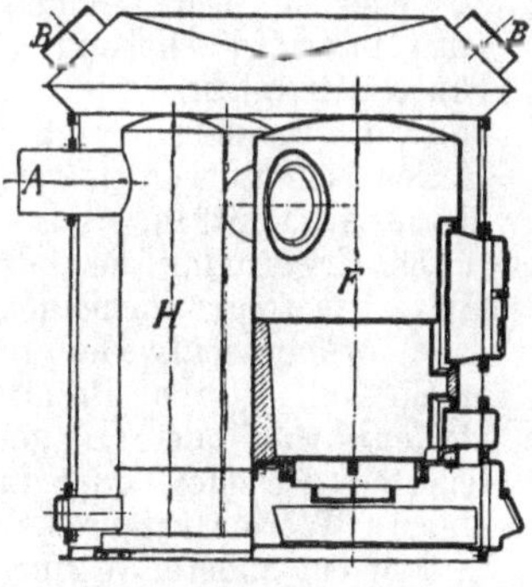

Abb. 21. Schmiedeeiserner Luftheizungsofen (Jajag)

Die Ausnutzung des Brennstoffes ist bei guten Luftheizungsöfen etwa die gleiche wie bei entsprechenden Stubenöfen. Bei Probeheizungen werden deshalb Ausnutzungsgrade bis zu 80 v. H. nachgewiesen werden können. Im Dauerbetrieb wird der Wirkungsgrad naturgemäß geringer und dürfte mit etwa 50 bis 65 v. H. anzusetzen sein. Hierzu kommt bei der Luftheizung allerdings noch die wesentliche Verringerung des Wirkungsgrades infolge des Verlustes der unausgesetzt mit der Abluft abströmenden Wärmemengen (vgl. Bd. I, Abschnitt 22).

Abschnitt 8
Kraftluftheizungen

Bei der Kraftluftheizung wird die in einem Ofen oder Wärmeaustauscher erwärmte Luft durch einen Lüfter (Ventilator) zwangsweise durch Rohrleitungen oder Luftkanäle (Lutten) in die zu beheizenden Räume hineingedrückt. Da hier die Rücksichtnahme auf den thermischen Auftrieb der erwärmten Luft als einziger Energiequelle für die Luftbewegung in der Anlage entfällt, ist es einfach, durch entsprechende Führung der Luftleitungen jede gewünschte Raumanordnung zu beheizen. Eine Sonderform bilden die bekannten Einzellufterhitzer, wie sie zur Erwärmung großer Hallen benutzt werden (vgl. hierzu Abschnitt 9).

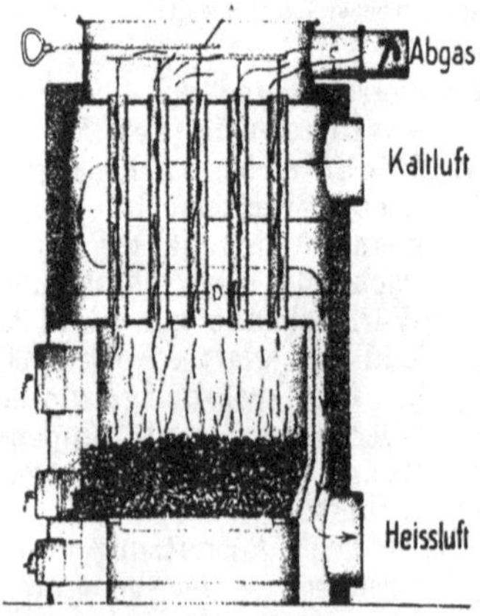

Abb. 22. Lufterhitzer für feste Brennstoffe (Rekuperator)

Die Erwärmung der als Heizwärmeträger dienenden Luft erfolgt entweder in einem mit festen Brennstoffen, Gas oder Öl gefeuerten Heizofen oder in einem Wärmeaustauscher, in dem ein anderer Wärmeträger (Dampf, Heißwasser,

Abgase) seine Wärme an die Luft abgibt. Grundsätzlich können auch die in Abschnitt 7, Feuerluftheizungen, beschriebenen Öfen verwendet werden, jedoch zieht man Sonderbauarten vor, da bei diesen die zur Erzielung eines guten Wärmeübergangs erforderlichen hohen Rauchgas- und Luftgeschwindigkeiten besser erreicht werden können. Dadurch werden die Wirkungsgrade der Lufterhitzer recht günstig. Im Dauerbetriebe wurden Wirkungsgrade von 80—85% erreicht.

Einen Lufterhitzer neuerer Bauart für feste Brennstoffe zeigt Abb. 22. Die festen Brennstoffe werden in dem Feuerraum verbrannt. Die Feuergase steigen durch senkrechte Rohre mit verhältnismäßig kleinem Durchmesser nach oben und geben ihre Wärme an die — im Gegenstrom — von oben nach unten an den Rohren außen entlangstreichende Luft ab. Durch in die Rohre von oben eingehängte Ketten wird eine starke Durchwirbelung der aufsteigenden Abgase und damit ein hoher Wärmeübergang erreicht. Das Oberteil des Lufterhitzers ist als Sekundärheizfläche ausgebildet. Die Reinigung der Rohre und Ketten erfolgt in einfacher Weise durch eine Rüttelvorrichtung.

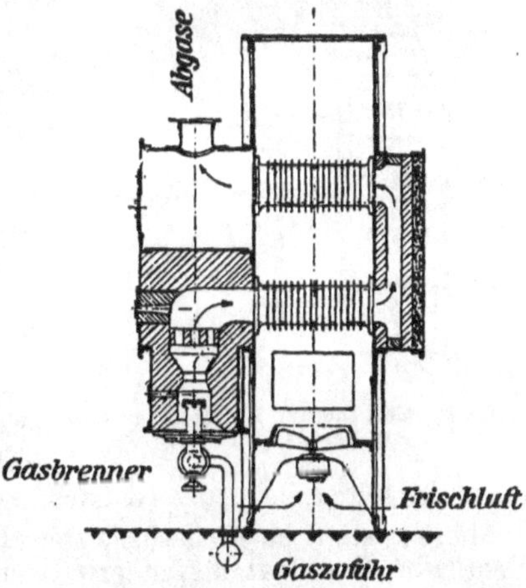

Abb. 23. Lufterhitzer für Gasbetrieb (Pintsch)

In Abb. 23 ist eine Bauart wiedergegeben, bei der der Lüfter unmittelbar mit dem Lufterhitzer verbunden ist Als Brennstoff wird Generatorgas verwendet. Der mit feuerfesten Steinen ausgemauerte Verbrennungsraum ist seitlich an den eigentlichen Lufterhitzer angebaut. Die Verbrennungsgase ziehen durch Rippenrohre und geben ihre Wärme an die Heizluft ab, die diesen durch den im Sockel des Ofens angebrachten Ventilator zugeführt wird und nach oben abzieht.

Gas (Koksofengas) ist ein beliebter Brennstoff für Luftheizungen geworden, nachdem es durch die Tarifgestaltung gegenüber anderen Energieträgern wettbewerbsfähig geworden ist. Die sofortige volle Betriebsbereitschaft und Leistungsabgabe der Öfen ermöglicht sehr kurze Anheizzeiten, und durch das sofortige Abstellen nach Aufhören des Wärmebedarfs kann unnötiger Brennstoffverlust vermieden werden. Auch die Möglichkeit der Leistungseinschränkung, nachdem die Räume besetzt sind, wirkt günstig auf den Gasverbrauch ein, so daß meistens sogar bei einem verhältnismäßig hohen Gaspreis ein wirtschaftlicher Betrieb, vor allem in selten benutzen Räumen, erreichbar ist.

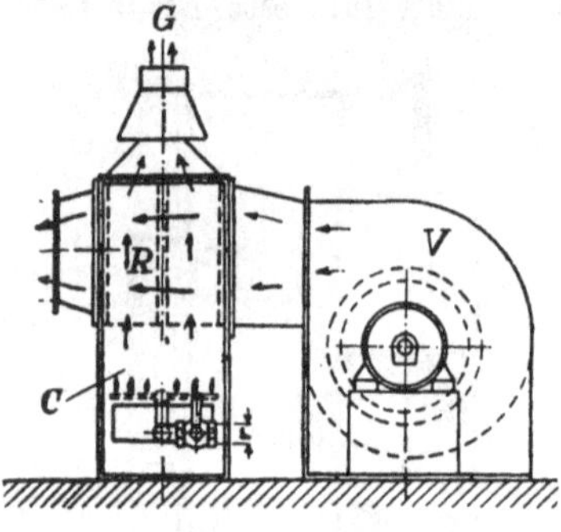

Abb. 24. Gasbeheizter Luftheizungsofen mit Ventilatorbetrieb

Abb. 24 zeigt einen gasbeheizten Luftheizungsofen. Ein Ventilator *V* drückt die zu erwärmende Luft durch einen aus vielen schmalen Heizzellen aufgebauten Wärmeaustauscher *R*, der rechtwinklig zum Wege der Luft von den Verbrennungsgasen einer Anzahl Gasbrenner *C* durchzogen wird. Die Abgase strömen bei *G* zum Schornstein, nachdem sie Zugunterbrecher und Rückstausicherung durchzogen haben.

Eine neuere Entwicklung ordnet die Luftheizgeräte an der Decke hängend an. Als Beispiel sei das Domotherm-Heizgerät gezeigt (Abb. 25). Eine mit Niederdruckdampf oder Warmwasser beheizte Heizspirale oder eine Anzahl konzentrischer Heizringe umschließt einen kleinen elektrisch angetriebenen Lüfter. Dieser saugt die kalte Luft an und drückt sie durch das Heizelement nach außen wieder in den Raum zurück.

Das Gerät ermöglicht eine sehr gute Lösung des Heizproblems für die moderne Kleinwohnung. Das Gerät wird in einer Zwischendecke im Flur der Wohnung angeordnet. Die Luft wird aus dem Flur angesaugt und durch seitliche Öffnungen in die Wohnräume hineingedrückt. Die Flurtüren werden am Boden mit einer vergitterten Öffnung versehen,

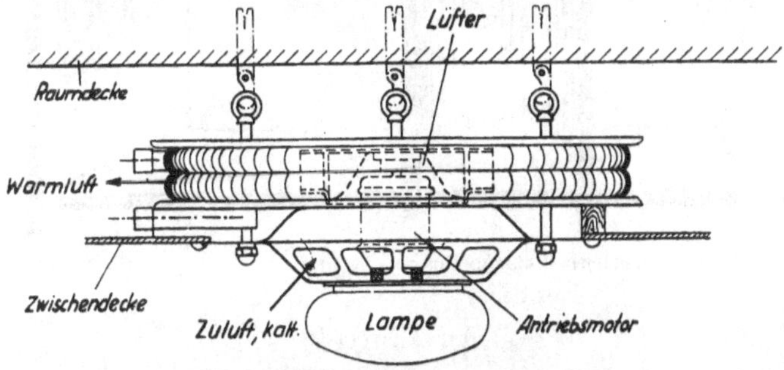

Abb. 25. Domotherm-Heizgerät (Rud. Otto Meyer)

durch die die Luft wieder in den Flur zurückströmen kann (Abb. 26).

Die Austrittsöffnungen der Luft werden mit Verschlußblenden versehen, so daß der warme Luftstrom wahlweise in einzelne Wohnräume gelenkt werden kann. Dadurch ist eine sehr sparsame Beheizung möglich. Der Wohnungsinhaber kann selbst bestimmen, welche Räume er beheizen will. Die Anlagekosten der Heizung werden gering, da für jede Wohnung nur ein Heizmittelstrang verlegt zu werden braucht. Abgesehen von einem Grundanteil für die Leerlaufverluste der Zentralheizungsanlage braucht jeder Wohnungsinhaber nur für die Betriebszeit seines Heizgerätes einen Heizkostenanteil zu bezahlen. Wird der Motor des Lüfters an einen gesonderten

Elektrizitätszähler angeschlossen, so ist eine sehr einfache Abrechnung der Betriebszeiten möglich.

Die Geräte werden mit einer Leistung von bis zu 9000 kcal/h und einer Motorleistung von 0,1 bis 0,15 kWh geliefert.

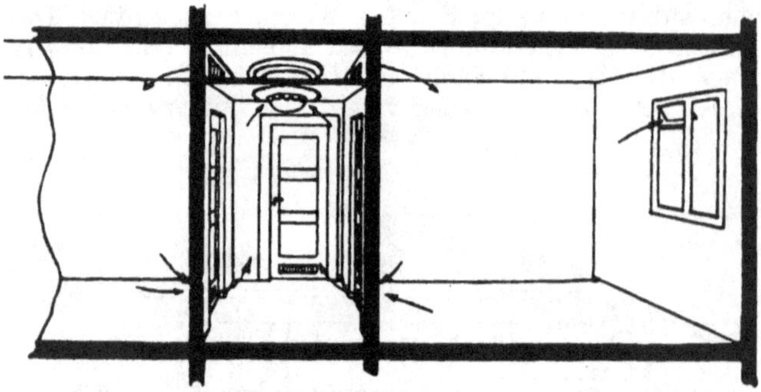

Abb. 26. Domotherm-Heizung für eine Kleinwohnung (Rud. Otto Meyer)

Abschnitt 9

Lufterhitzer für Großraumheizung

Während bei den im vorhergehenden Abschnitt beschriebenen Heizgeräten für die Kraftluftheizung die Luft an einer Stelle (zentral) erwärmt und durch Kanäle den zu beheizenden Räumen zugeführt wird, wird bei den Einzel-Luftheizungsgeräten zur Erwärmung großer Räume (Versammlungs-, Ausstellungs-, Fabriksäle usw.) die Luft an Ort und Stelle erwärmt. Wie bereits in Bd. I, Abschn. 23 grundsätzlich beschrieben, wird die zu erwärmende Luft aus dem Raume selbst oder aus dem Freien entnommen und dann mittels eines Kraftlüfters durch ein Heizregister oder -element in den Raum hineingeblasen. Als Heizmittel wird vorzugsweise Dampf, seltener auch Heißwasser, durch Leitungen zugeführt, oder die Geräte sind mit Einzelfeuerung, vorzugsweise Gasfeuerung, ausgestattet.

Diese Heizgeräte sollen bei geringem Raumbedarf eine große Heizleistung abgeben. Diese Forderung wird vorzüglich mit dem zuerst von Junkers angegebenen Lamellenheizkörper (Abb. 27) erfüllt, d. h. einem oder mehreren Rohren

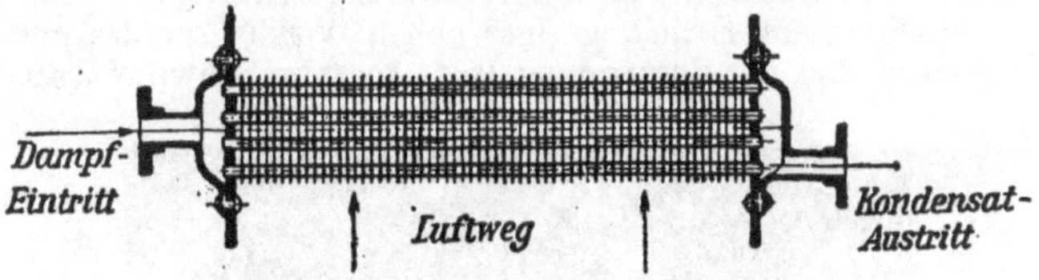

Abb. 27. Lamellenheizkörper für Lufterhitzer (Junkers)

mit sehr vielen engen Rippen. In ähnlichen Formen werden diese Lamellenheizkörper von anderen Herstellern ausgeführt.

Abb. 28 zeigt eine vielfach wiederkehrende Ausführungsart von Lufterhitzern. Der Ventilator saugt die kalte Luft an und fördert sie, durch den Lamellen- oder Rippenheizkörper erwärmt, in den zu beheizenden Raum. Die auf dem Markt befindlichen Bauformen zeigen verschiedenartige Ausbildung. Wesentlich ist dabei nur, daß der Ventilator im kalten Luftstrom arbeitet. Bei dem dargestellten Lufterhitzer wird unter Benutzung einer Regelklappe über der ausströmenden Warmflut ein Kaltluftstrom in den Raum geblasen, der verhindert, daß die

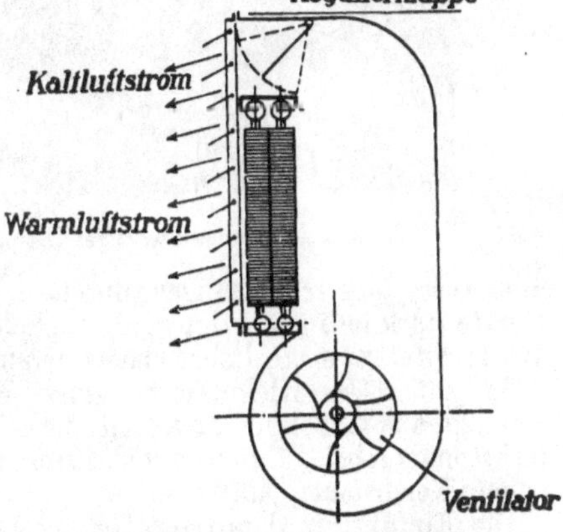

Abb. 28. Lufterhitzer (Pollrich)

Warmluft gleich nach oben steigt, sondern den unteren Zonen des Raumes zugeführt wird.

Bei der Entwicklung von unmittelbar beheizten Einzel-Lufterhitzern ist es, wie bereits erwähnt, erforderlich, die neueren Erkenntnisse in der Ausbildung derartiger Geräte zu beachten zur Erzielung eines hohen Wirkungsgrades und vor allem auch zur Vermeidung unerwünschter Schwitzwasser-

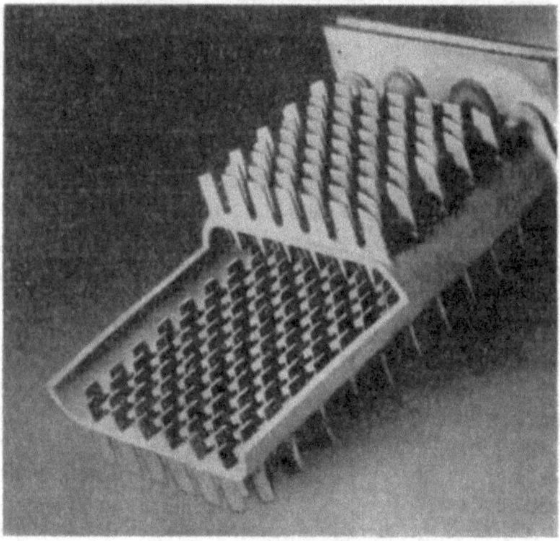

Abb. 29. Nadellufterhitzer (Kleinewefers)

und Korrosionserscheinungen, durch die die Lebensdauer der Geräte stark beeinträchtigt wird. Auch durch Wahl geeigneter Werkstoffe kann die Lebensdauer heraufgesetzt werden.

So hat z. B. Kleinewefers einen Nadellufterhitzer, Abb. 29, aus Gußeisen entwickelt, der günstige Eigenschaften insbesondere bei Betriebsverhältnissen hat, bei denen sonst leicht Korrosionen auftreten.

Die Einführung derartiger Heizgeräte hat die Beheizung großer Räume grundsätzlich geändert. Während bei der früher üblichen Beheizung durch Einzelöfen, sowie durch an den Wänden oder unter den Dachbindern angebrachte Heizrohre, infolge des Aufsteigens der erwärmten Luft erhebliche Temperaturunterschiede zwischen der Luft am Boden und der unter dem Dach entstanden (siehe Abb. 30), ist heute das Bild der Wärmeverteilung gänzlich anders. Die starke Luftumwälzung durch die Ventilatoren, vor allem die Möglichkeit, den erwärmten Luftstrom zum Boden hin zu richten, führt dazu, daß der Temperaturunterschied nahezu ausgeglichen ist oder nur wenige Grad beträgt (siehe Abb. 31).

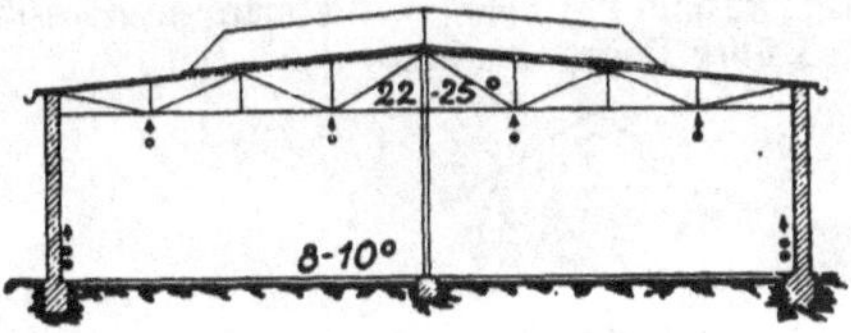

Abb. 30. Hallenbeheizung mit örtlich verlegten Heizflächen

Vor allem werden die Räume nach viel kürzerer Anheizzeit benutzbar, weil sehr schnell eine Erwärmung des unteren Teils erfolgt. Das hat erhebliche Brennstoffeinsparungen zur Folge, die die Kosten für den mechanischen Betrieb weit übertreffen.

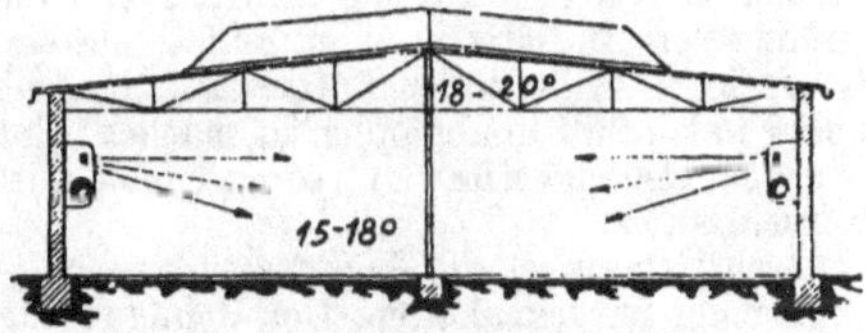

Abb. 31. Hallenbeheizung mit Lufterhitzern

Durch diese Heizungsart läßt sich zugleich eine kräftige Lüftung erzielen, wenn man die Lufterhitzer an die Außenwände legt und so ausbildet, daß durch eine Wechselklappe entweder Raumluft oder Frischluft aus dem Freien entnommen werden kann.

Abschnitt 10

Nebenteile der Luftheizungen

Besondere Beachtung muß der Entnahmestelle für die zu erwärmende Frischluft geschenkt werden, damit nicht unnötig große Staubmengen oder Fremdkörper in die Luftheizungsanlage gelangen können. Man begnügt sich bei kleineren Anlagen meistens mit der Anbringung eines einfachen engmaschigen Drahtgeflechts in der Ansaugöffnung zur Abhaltung von Laub, Papier, Ungeziefer u. dgl. Für größere Anlagen werden vielfach besondere Luftschächte mit vergitterten und regengeschützten Eintrittsöffnungen (Abb. 32 und 33) benutzt, die man an geschützter Stelle, mitunter auch über Dach, anbringt.

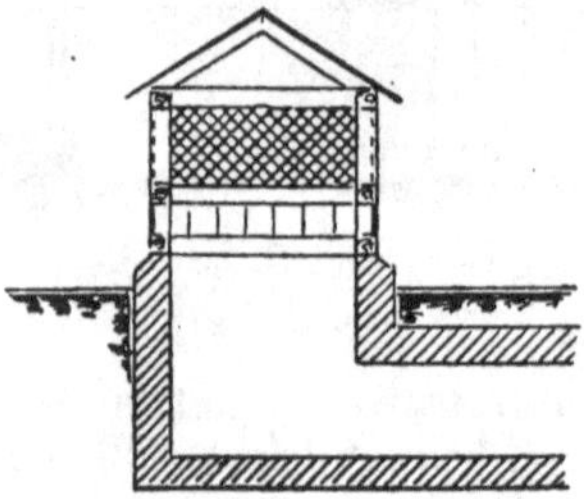

Abb. 32. Freistehender Luftschacht für Frischluft

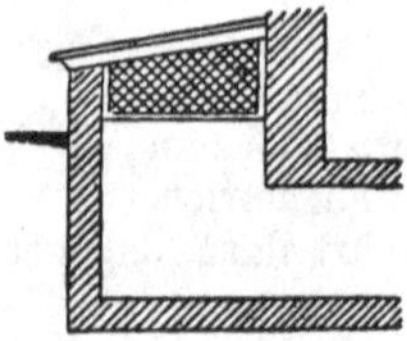

Abb. 33. Angebauter Luftschacht für Frischluft

Der freie Querschnitt der Eintrittsvergitterungen soll zur Vermeidung von Eintrittsverlusten mindestens einhalbmal größer sein als der des anschließenden Luftkanals. Häufig ordnet man, um sich vom Windeinfluß unabhängig zu machen, Entnahmeöffnungen an mehreren Gebäudeseiten an, so daß man mit der Entnahmestelle wechseln kann.

Die Vergitterungen der Zugluftkanäle vermögen den eindringenden Staub nicht zurückzuhalten. Der Reinigung der Luft muß deshalb besondere Beachtung geschenkt werden. Man erreicht dies, indem man die Luft durch sog. Staubkammern strömen läßt, d. h. durch Räume mit großem Querschnitt, in denen die Geschwindigkeit der Luft so gering wird, daß mitgeführte Staubteile ausfallen, oder indem man sie durch Filter leitet. Das früher vielfach angewandte Verfahren, die Luft durch Wasserschleier oder zerstäubtes Wasser zu reinigen, hat sich nicht bewährt. Die Wände der Staubkammer, die zweckmäßig begehbar eingerichtet wird, sollten entweder mit Fliesen ausgekleidet oder gut gestrichen und lackiert sein, damit sie leicht gereinigt werden können, eine Forderung, die ebenso wie die nach unbedingter Geruchs- und Feuchtigkeitssicherheit gar nicht genug betont werden kann.

Ist aus Platzgründen der Einbau einer Staubkammer nicht möglich oder wird die in ihr erfolgende Reinigung nicht als ausreichend angesehen, so müssen Filter angeordnet werden. Die früher vielfach verwendeten Zeugfilter, durch die oder an denen vorbei die Luft streichen mußte, sind veraltet. Heute benutzt man verschiedenartig ausgebildete Filter, deren Wesen darin besteht, die Luft oftmals hintereinander plötzlich ihre Strömungsrichtung an einer mit Wasser berieselten oder mit Öl benetzten Fläche ändern zu lassen.

Abb. 34. Filterkasten mit Raschigringen

Einen derartigen Filter zeigt Abb. 34, die einen Filterkasten aus Streckmetall zeigt, der mit sog. Raschigringen gefüllt ist, die entweder mit Wasser berieselt oder mit Öl benetzt werden. Diese Ringe sind kurze Rohrstücke, die unregelmäßig in den Behälter geschichtet werden und der Luft große Flächen bieten, ohne dadurch den Widerstand zu groß werden zu lassen. Es gelingt, bei einer Filterfläche von 35 m^2 und 1 m^2 Gitterfläche noch einen freien Durchgang von 0,8 bis 0,9 m^2 herzustellen.

An Stelle dieser oder ähnlicher Bauarten finden auch Filter Verwendung, die aus einer Reihe hintereinandergestellter Siebe oder senkrecht zur Luftströmung gestellter glatter oder gewellter Bleche bestehen.

Abb. 35. Schieber in einem Frischluftkanal

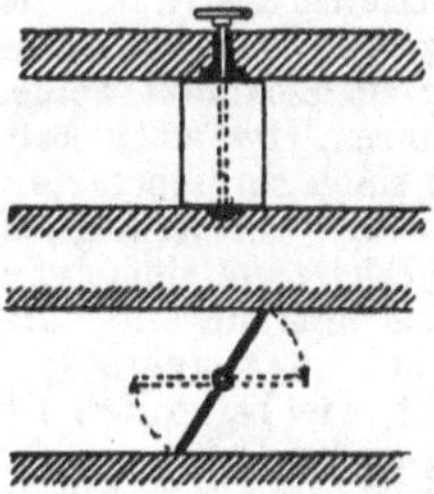

Abb. 36. Drosselklappe (Querschnitt und Grundriß) in einem Frischluftkanal

Während sich die berieselten Filter dauernd selbsttätig reinigen, müssen die ölbenetzten von Zeit zu Zeit durch Auswaschen mit fettlösenden Stoffen und neues Benetzen aufgefrischt werden.

Um die Strömungsverhältnisse in einer Luftheizung jederzeit regeln und beeinflussen zu können, müssen an geeigneten Stellen Absperrvorrichtungen angebracht werden. Handelt es sich darum, die Strömungen in einem Kanal ganz oder teilweise abzusperren, so werden Schieber oder Drosselklappen (Abb. 35 u. 36) verwendet.

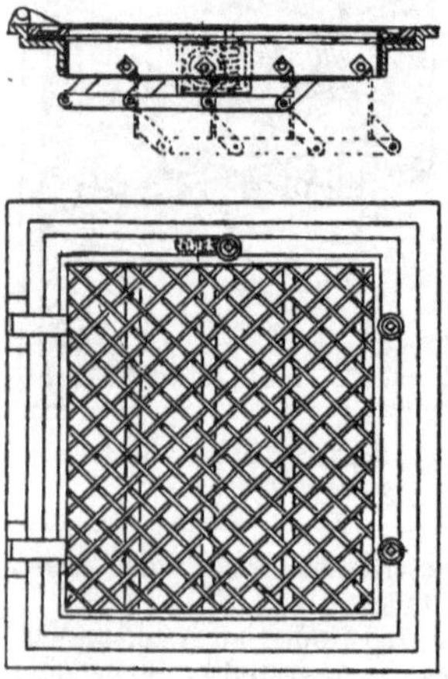

Abb. 37. Jalousieklappe

Die Austrittsöffnungen der Kanäle müssen mit Verschlüssen versehen sein. Man verwendet dazu sog. Jalousieklappen (Abb. 37). Hinter einer Schutzvergitterung, deren freier Querschnitt zur Vermeidung von Verlusten mindestens 1,5mal so groß wie der des anschließenden Kanals sein soll, liegen die Schließbleche. Sie werden durch einen Handgriff oder eine Kette zu gleicher Zeit geöffnet und geschlossen.

Will man die Lufttemperaturen in den Kanälen durch Mischung verschieden warmer Luft regeln oder abwechselnd kalte oder warme Luft zuführen, so werden Wechselklappen verwendet. Ihre Arbeitsweise ist aus Abb. 38 leicht zu erkennen. Soll die Leistung der einzelnen Warmluftkanäle gegeneinander ausgeglichen oder zeitweilig eingeschränkt werden, so verwendet man feste Einstellvorrichtungen, etwa nach Abb. 39 die zugleich den Vorteil haben, daß man sie gegen unbefugte Betätigung sichern kann.

Die bei einer Luftheizungsanlage wünschenswerte Anfeuchtung der Luft erfolgt am einfachsten durch offene Verdunstungsschalen oder indem man die Luft durch mit Wasser berieselte Gitter, Behälter mit Filterkörpern (z. B. sog. Raschigringe) leitet, sofern man nicht, wie bei großen Klimaanlagen, Wasser in feinster Zerstäubung in den Luftstrom hineinleitet. Allerdings erübrigt sich bei kleinen Anlagen, z. B. bei Wohnhäusern und bei Anlagen, bei denen ohnehin ein starker Luftwechsel angenommen werden kann, z. B.

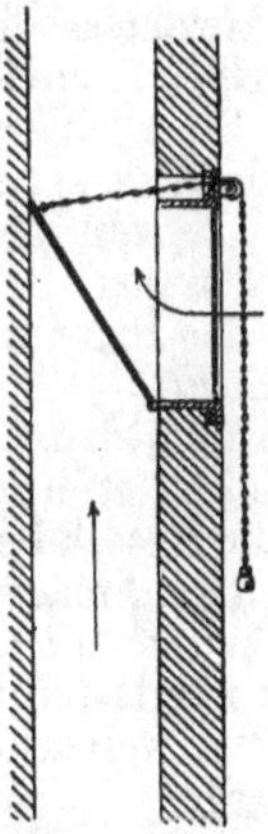

Abb. 38.
Wechselklappe

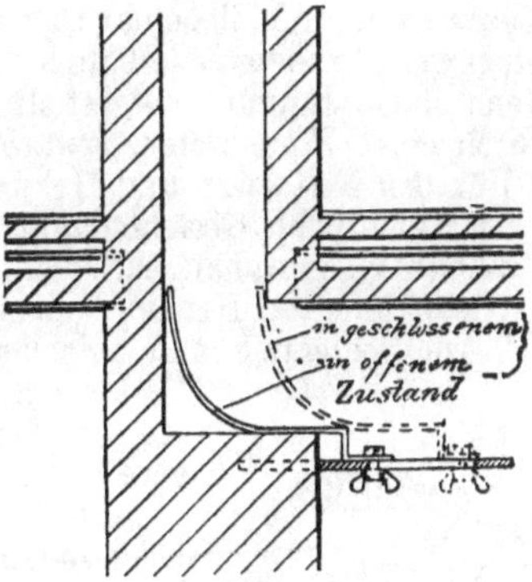

Abb. 39.
Einstellvorrichtung für Luftkanäle

Fabrikhallen usw. jegliche zusätzliche Luftbefeuchtungsanlage (vgl. hierzu Bd. I, Abschn. 15). Falls jedoch solche Anlagen vorhanden sind, ist es unbedingt erforderlich, daß sie leicht zugänglich sind und daß sie regelmäßig gereinigt werden.

III. Teil
Ausführung der Warmwasser- und Dampfheizungen

Abschnitt 11
Heizkessel für Warmwasser- und Niederdruck-Dampfheizungen

Die Kessel der Warmwasser- und Niederdruck-Dampfheizungen werden fast ohne Ausnahme als Massenerzeugnisse aus Gußeisen oder Schmiedeeisen hergestellt. An erster Stelle steht der gußeiserne Gliederkessel, bei dem die Größe der Gesamtheizleistung durch die Anzahl der hintereinandergesetzten „Glieder" bestimmt wird.

Das früher übliche Einmauern der Heizkessel ist verschwunden. Sie werden heute frei aufgestellt und mit Wärmeschutzmasse und Blechmantel umgeben. Die Kleinkessel der Stockwerksheizungen erhalten dann keinen Wärmeschutz, wenn sie in Räumen aufgestellt werden, die von ihnen, wie durch einen Zimmerofen, erwärmt werden sollen.

Für den Entwurf und Herstellung der Heizkessel sind zwei wesentliche Gesichtspunkte maßgebend:

1. Der Wasserinhalt darf nicht zu groß sein, damit die Inbetriebnahme der Heizung keine zu lange Zeit erfordert.

2. Die Bedienung muß einfach sein, da die Kessel, besonders bei kleinen und mittleren Anlagen, keine stetige Wartung erhalten, sondern längere Zeit sich selbst überlassen bleiben.

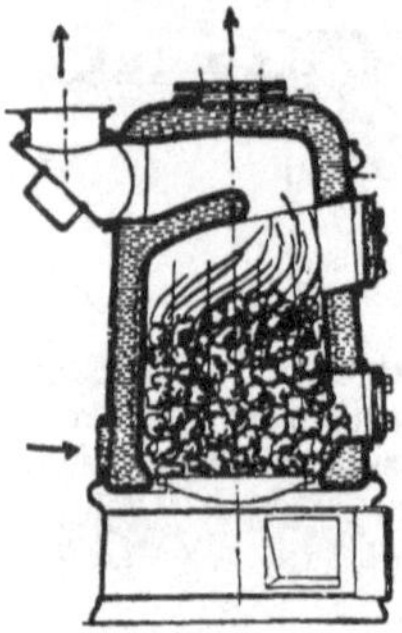

Abb. 40. Gußeiserner Rundkessel (Buderus)

Diese Forderung hat wesentlich dazu beigetragen, daß wegen seiner guten Eigenschaften vorwiegend Koks als Brennstoff benutzt wird, doch ist der Betriebskosten wegen besonders bei großen Anlagen die Benutzung von Stein- und Braunkohlen oder deren Briketts in einer Reihe neuer Kesselbauarten weit verbreitet.

Gas als Brennstoff entspricht der Forderung nach schnellerer Inbetriebnahme und einfacher Bedienung der Anlage in weitestem Umfang.

An mittleren und großen Heizkesseln, auch solchen, die ursprünglich für feste Brennstoffe bestimmt sind, können Ölfeuerungen ohne Schwierigkeit angebracht werden. Sie entsprechen ebenfalls der Forderung nach schneller Inbetriebnahme, doch erfordert ihre Bedienung erhöhte Aufmerksamkeit und Sorgfalt.

Grundsätzlich sind die Kessel für Warmwasser- und Niederdruck-Dampfheizungen gleich. Bei diesen wird lediglich für einen Dampfraum gesorgt, sei es durch Senken des Wasserstandes, sei es durch Aufbau eines Dampfsammlers, Domes oder dgl.

Unter den Kesseln für kleine Anlagen mit Heizleistungen bis zu etwa 40000 kcal/h, den sog. Kleinkesseln, ist die verbreitetste Ausführungsform der stehende Guß- oder schmiedeeiserne Rundkessel. Der in Abb. 40 gezeigte gußeiserne Kessel hat einen senkrechten Schacht zur Aufnahme des Brennstoffes, hier durchweg Koks. Die Verbrennungsgase ziehen nach oben ab. Er arbeitet mit „oberem Abbrand".

Um die Ausnutzung der Verbrennungsgase zu erhöhen, zwingt man sie durch Einbau von Zügen u. dgl., längere Wege im Kessel zurückzulegen und dadurch mehr Heizfläche zu bestreichen. Soll ein solcher Kessel für Niederdruckdampf benutzt werden, so wird der Teil des Kessels oberhalb des Verbrennungsraumes verlängert und so ein Dampfsammelraum geschaffen.

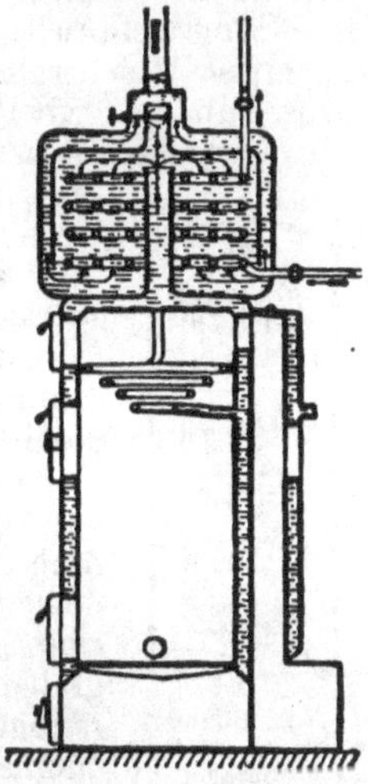

Abb. 41. Rundkessel mit Einrichtung für Warmwasserversorgung (Tedokessel)

Bei aus Stahl (Schmiedeeisen) hergestellten Kesseln werden oftmals zuliebe billiger Preise sehr dünne Bleche verwendet. Davor muß gewarnt werden, weil die Lebensdauer der Kessel stark herabgesetzt wird, zumal Stahlblech sowieso dem chemischen Angriff der in den Verbrennungsgasen enthaltenen schwachsauren Dämpfe nicht so gut widersteht wie Gußeisen.

Mit Vorliebe wird der Rundkessel für Warmwasser-Bereitungsanlagen benutzt. Unter Bezugnahme auf die Beschreibung dieser Anlagen in Band I, Abschnitt 37, sei hier auf die Bestrebungen hingewiesen, nur einen Heizkessel für Heizung und Warmwasserversorgung gemeinsam zu verwenden. Als ein Ausführungsbeispiel für diese auf verschiedenem Wege gelöste Aufgabe sei der Tedokessel (Abb. 41) angeführt. Im oberen Teil des aus Schmiedeeisen hergestellten Kessels ist eine wasserdurchflossene Rohrschlange angebracht.

Diese dient im Sommer, wenn der Kessel nur zur Warmwasserbereitung benutzt werden soll, als Rost für ein kleines Feuer. Der untere Teil des Kessels ist damit ausgeschaltet. Im Winter wird dagegen der Brennstoff auf dem unteren Rost verfeuert. Die Rohrschlange dient dann nur zur Vergrößerung des Wärmeaustauschs zwischen den Feuergasen und dem Heizmittel, also der Kesselheizfläche.

Oberhalb des eigentlichen Kessels befindet sich ein vom Heizwasser durchflossener Behälter, in dem eine Rohrschlange liegt, die mit einem Warmwasserspeicher in Verbindung steht. Der Inhalt dieses Speichers wird somit auf die Heizwassertemperatur gebracht. Soll kein Wasser erwärmt werden, so kann durch Öffnen einer Drosselklappe dem Heizwasser der Weg in die Heizleitungen unmittelbar freigegeben werden.

Dem durch die Entwicklung der Stockwerksheizungen entstandenen Bedarf nach kleinen Heizkesseln, die in den Wohnungen aufgestellt, zugleich die Erwärmung eines Raumes übernehmen, ist durch eine große Zahl von Ausführungen Rechnung getragen. Abb. 42 zeigt einen derartigen Zimmerheizkessel. Sie werden aus Gliedern zusammengesetzt und erreichen Höchstleistungen bis etwa 30000 kcal/h. Ihre Arbeitsweise gleicht der der Rundkessel.

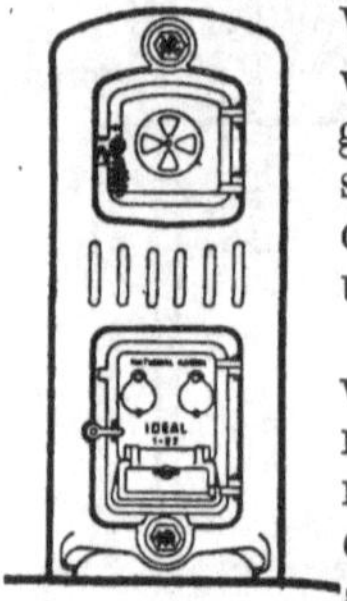

Abb. 42. Zimmerheizkessel (Nationale Radiator Ges.)

Die Fortschritte bei der Herstellung hitzebeständiger Stahlsorten und in der Schweißtechnik haben zur Entwicklung von Heizkesselbauarten aus Stahl, die aus Blechen und Röhren geschweißt sind, geführt. Diesen Kesseln wird geringes Gewicht und Unempfindlichkeit gegen plötzliche Temperaturschwankungen, selbst gegen leichten Frost, nachgesagt.

In Abb. 43 ist ein derartiger Kessel abgebildet, der als Besonderheit einen Rost aus Stahlrohren aufweist, die von Wasser durchströmt werden. Ebenso sind die Türrahmen weitgehend durch Wasser gekühlt. Dadurch sollen lange

Lebensdauer erreicht und ein Verziehen vermieden werden. Derartige Kessel werden mit Leistungen bis zu 100000 kcal/h gebaut.

Abb. 43. Heizkessel aus Stahl in geschweißter Ausführung (Stephan Witte)

Die Brennstoffknappheit der letzten Zeit hat den Wunsch entstehen lassen, die Kesselwärme auch zu Kochzwecken auszunutzen. Es wurden daher Bauarten entwickelt, die mit einer Kochplatte mit Loch und Abdeckplatte ausgestattet sind, so daß auf ihnen gekocht werden kann. In der äußeren Form wurden die Zimmerheizkessel den üblichen Küchenherden angepaßt, und es entstanden die sog. Herdkessel. Diese werden gerne in kleinen Siedlungshäusern und Kleinwohnungen verwendet. Sie werden vorzugsweise mit einer Leistung zwischen 8 und 20000 kcal/h, in Einzelfällen auch bis zu 30000 kcal/h, gebaut. Solche Herdkessel (Abb. 44) sind häufig mit einem zusätzlich einlegbaren Sommerrost ausgerüstet, der dann eingelegt wird, wenn

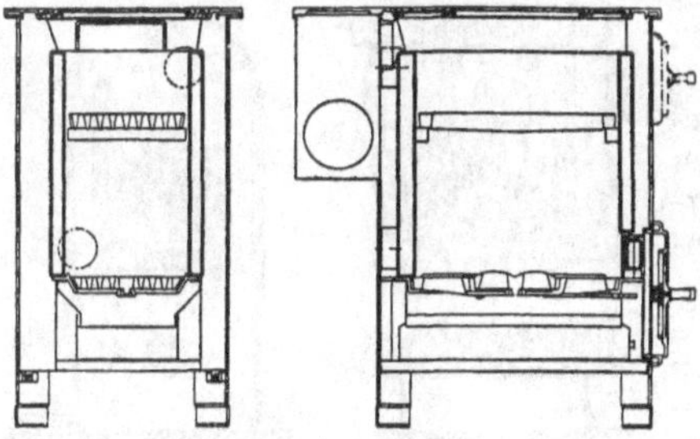

Abb. 44. Siedlungsherdkessel (Krefft)

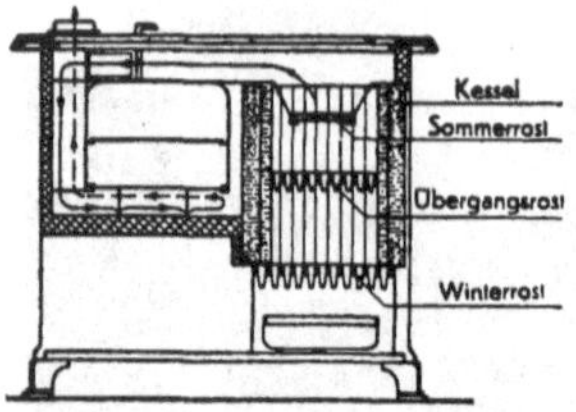

Abb. 45. Heizkessel im Küchenherd (Küppersbusch)

eine angeschlossene Warmwasserbereitungsanlage außerhalb der Heizzeit benutzt werden soll. Die Herdkessel sind für Dauerbrand eingerichtet. Das Fassungsvermögen ist so groß, daß der Kessel etwa 15—16 h mit einer Füllung brennen kann. Die Kochplatte gestattet die Bereitung von Mahlzeiten für bis zu 8 Personen. Normalerweise wird man jedoch dafür einen gesonderten Herd benutzen, da der Wärmebedarf für das Kochen im allgemeinen zeitlich nicht mit dem maximalen Heizwärmebedarf zusammenfällt und der Herdkessel für Kochzwecke verstärkt betrieben werden muß. (Vgl. Bd. I, Abschn. 26, S. 71.)

Für sehr kleine Wohnungen, bei denen nur ein oder zwei Räume beheizt sowie gegfs. eine kleine Warmwasserversorgung angeschlossen werden soll, haben Küchenkesselherde in letzter Zeit zunehmende Verbreitung gefunden, die bis zu etwa 8000 kcal/h Leistung gebaut werden (Abb. 45). Es handelt sich dabei um einen Küchenherd in üblicher Bauart mit einem Brat- und Backrohr, dessen Wandungen doppelt als Wasserräume ausgeführt sind, so daß in ihnen das Umlaufwasser für die Heizung bzw. WW-Bereitung erwärmt wird. Auch diese Küchenkesselherde werden mit Rosten ausgestattet, die zur Anpassung an den Wärmebedarf in verschiedener Höhe eingelegt werden können.

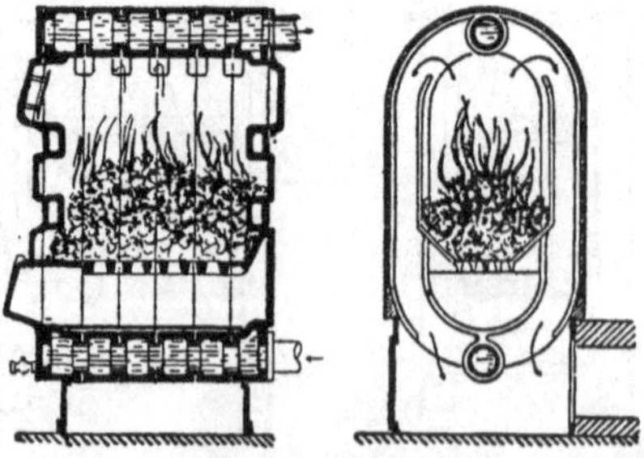

Abb. 46. Gußeiserner Gliederkessel mit oberem Abbrand (Strebel)

Unter den Zentralheizungskesseln von etwa 30000 kcal/h stdl. Heizleistung aufwärts ist der zuerst von Strebel angegebene gußeiserne Gliederkessel die heute vorherrschende Bauform geworden (Abb. 46). Er ist aus einer Anzahl oben und unten durch eingeschraubte Nippel verbundener hohler Glieder zusammengesetzt, die den Wasserraum des Kessels bilden. Außen an die Glieder angegossene Rippen bilden nach dem Zusammenbau Kanäle für die Feuergase. Diese durchströmen sie in Pfeilrichtung und ziehen durch den unter dem Kessel befindlichen Sammelraum in den Fuchs zum Schornstein.

Auch dieser Kessel arbeitet mit „oberem Abbrand". Hierbei besteht die Möglichkeit, daß die Verbrennung unvollständig ist, also in den Gasen unverbranntes Kohlenoxyd verbleibt. Das ist um so mehr der Fall, je höher der Brennstoff geschichtet und je feinstückiger er ist, da dann für die von unten zuströmende Verbrennungsluft kein genügender Durchlaß bleibt. Sind die dadurch entstehenden Verluste auch nicht groß, so lassen sie sich doch vermeiden, indem man die Kessel mit sog. „unterem Abbrand" benutzt. Diese zuerst von Gebr. Körting gebauten Kessel (Abb. 47) bestehen aus zwei Reihen Gliedern, zwischen denen ein Füllschacht entsteht. Der Abbrand erfolgt unterhalb dieses Füllschachtes. Die Feuergase ziehen aus der stets in gleicher Höhe bleibenden Verbrennungszone seitlich in die zwischen den Gliedern vorhandenen Kanäle. Bei dieser Kesselform kann keine unvollständige Verbrennung eintreten. Durch Anbringung einer oberen Füllöffnung wird die Bedienung der Feuerung wesentlich erleichtert (Abb. 48).

Abb. 47. Gußeiserner Gliederkessel mit unterem Abbrand (Körting)

Große Gliederkessel werden heutzutage mit Leistungen bis 584000 kcal/h für Koksbetrieb ausgeführt.

Als Beispiel eines schmiedeeisernen Heizkessels größerer

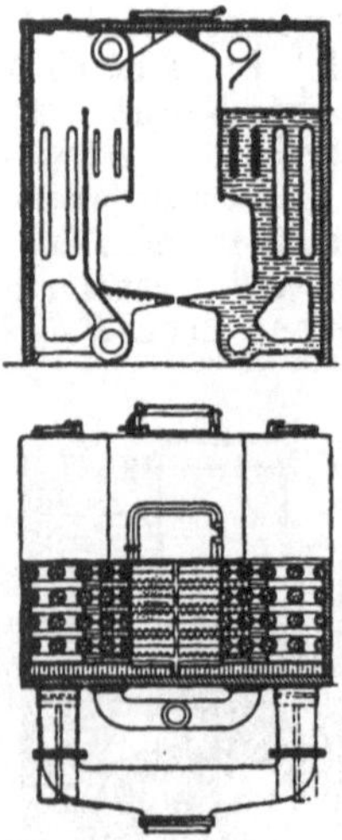

Abb. 48. Gußeiserner Großkessel mit unterem Abbrand (Nationale Radiator Ges.)

Leistungsfähigkeit sei der Kreuzstromkessel (Abb. 49) angeführt, der ebenfalls mit „unterem Abbrand“ arbeitet. Er besteht aus drei mittig ineinander gesetzten und durch Stutzen verbundenen wassergefüllten Ringen, zwischen denen die Verbrennungsgase auf- und niederströmen.

Der Wunsch, an Stelle von Koks auch andere Brennstoffe im Zentralheizungskessel verwenden zu können, hat zur Entstehung von Bauarten geführt, in denen Steinkohlen, Braunkohlen und deren Briketts verbrannt werden können. In erster Linie sind hier die später beschriebenen Großkesselbauarten zu nennen. Jedoch sind auch in Anlehnung an die vorbeschriebenen Glieder- und Füllschachtkessel Sonderkessel für diese Brennstoffe entstanden. Bei der Bauart hat man zwischen gasarmen und gasreichen Brennstoffen zu unterscheiden. Zu jenen gehören Anthrazit und Magerkohle, zu diesen die übrigen Steinkohlenarten, Braunkohlen und Briketts. Allen derartigen Kesseln ist die sog. Zweit- oder Oberluftzuführung eigentümlich. D. h., ein Teil der Verbrennungsluft wird nicht durch den

Abb. 49. Schmiedeeiserner Ringkessel (Kreuzstromwerk)

Rost, sondern oberhalb der Brennstoffschicht in die sich entwickelnden Verbrennungsgase geleitet, um eine vollständige Verbrennung herbeizuführen, da diese selbst bei gasarmen Brennstoffen durch die alleinige Zuführung von unten nicht gesichert ist.

Als Beispiel eines für feinkörnigen Anthrazit oder Magerkohle gebauten Kessels sei in Abb. 50 der sog. Anthrakessel wiedergegeben.

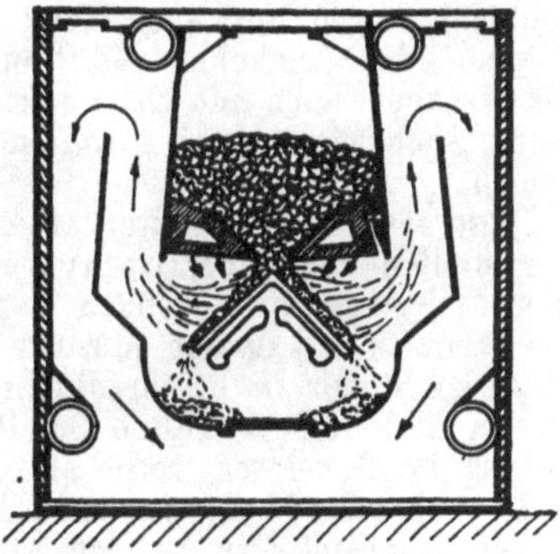

Abb. 50. Gußeiserner Gliederkessel für Anthrazit (Deutsche Eisenwerke)

Wegen der feinen Körnung darf die Schichtung des Brennstoffes nicht hoch sein. Man hat daher einen dem Schüttwinkel des Brennstoffes angepaßten dachförmigen Rost eingebaut, der auch eine größere Oberfläche als der für Koks benutzte waagerechte Rost besitzt. Aus dem Füllraum, der am unteren Ende durch nur einen schmalen Spalt freilassende Einsätze aus feuerfesten Formsteinen verengt ist, rieselt der Brennstoff auf den dachförmigen Rost und sinkt abbrennend nach unten. Die Einsatzsteine sind hohl und haben an der unteren Seite düsenartige Löcher, durch die die Zweitluft, nachdem sie durch die Wärme der Steine stark vorgewärmt ist, in den Verbrennungsraum gelangt.

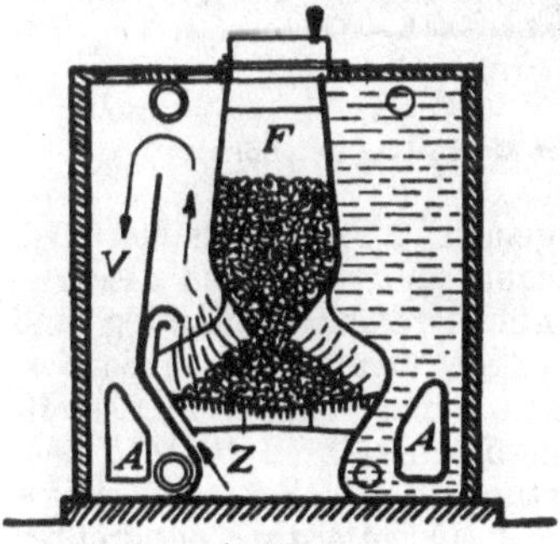

Abb. 51. Gußeiserner Gliederkessel, Allesbrenner (Strebel)

Auch auf andere Weise, z. B. durch seitliche Kanäle, kann die Zweitluft dem Verbrennungsraum zugeführt werden. In Abb. 51 ist dieser Zweitluftweg durch Z gekennzeichnet. Der dargestellte Kessel ist statt des dachförmigen mit einem muldenförmigen Rost ausgerüstet. Er ist für nichtbackende Flamm- oder Kleinkohlen und Braunkohlenbriketts benutzbar. Da er zudem auch mit Koks gefeuert werden kann, wird er, wenn auch nicht ganz zutreffend, als „Allesbrenner" bezeichnet.

Diese sog. Allesbrenner arbeiten recht günstig, da bei abgestelltem Zuge über Nacht der Abbrand nur gering und das Hochheizen am folgenden Tage sehr schnell möglich ist. Andererseits ist darauf hinzuweisen, daß Anthrazit- und Magerkohle nur in beschränktem Umfange zur Verfügung stehen und in erster Linie Sonderzwecken, z. B. der Vergasung im Generator, vorbehalten bleiben müssen, so daß u. U. mit einer unzureichenden Beschaffungsmöglichkeit dieser Brennstoffe zu rechnen ist.

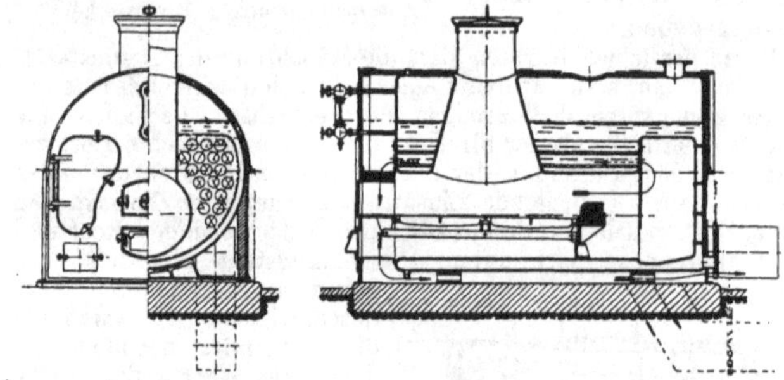

Abb. 52. Schmiedeeiserner Großheizkessel (Nolte)

In Zeiten, in denen Koks genügend für Zentralheizungszwecke zur Verfügung steht, haben die vorstehend beschriebenen Kesselbauarten nur untergeordnete Bedeutung und werden daher nur wenig verwendet, wenn man von Sonderfällen absieht. Dagegen beweisen Zeiten knapper Brennstoffversorgung, daß auch die Allesbrenner ihren Platz haben.

Da die gesamte Wärmeleistung großer Zentralheizungsanlagen oftmals ein Vielfaches der Höchstleistung der größten Gliederkessel beträgt, werden eine Anzahl derselben nebeneinander gestellt. Da die Bedienung der Kessel sehr einfach ist, können solche Kesselanlagen unter Zuhilfenahme geeigneter mechanischer Hilfsmittel für die Brennstoffzu- und Aschenabfuhr, trotz ihres Umfanges, zweckmäßige Einheiten bilden. Vorbedingung ist allerdings, daß sowohl der Anschluß der einzelnen Kessel an die Heizleitungen, wie auch der der Füchse an die Schornsteinanlage, besonders sorgfältig ausgeführt wird.

Wenn man bei großen Anlagen die Anzahl der Kessel vermindern will, muß man zu von den Fabrikdampfkesselanlagen übernommenen Formen der Großkessel greifen.

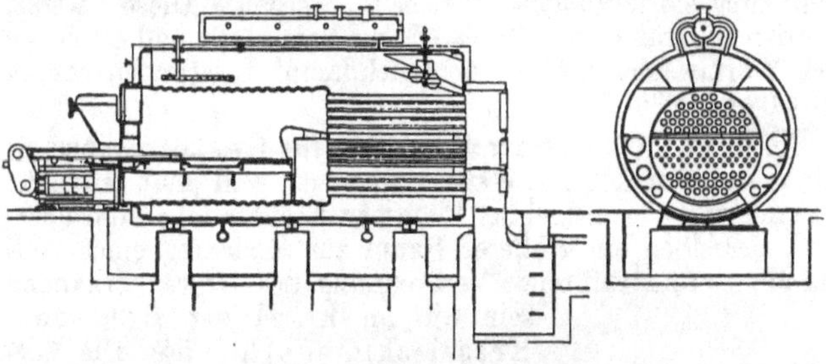

Abb. 53. Hollandkessel (Verein. Kessel-Werke)

Eine Bauart eines derartigen Großkessels zeigt Abb. 52. Dieser aus dem Betriebsdampfkesselbau übernommene Flammrohr-Rauchrohr-Kessel weist als Besonderheit den Füllschacht mit oberer Öffnung für den Brennstoff auf. Die Verbrennungsgase sammeln sich in der hinteren Rauchkammer, ziehen dann durch die Rauchrohrbündel nach vorn und von da in den unter dem Kessel liegenden Fuchs. Der gezeigte Kessel ist, wie aus der Höhe des Wasserspiegels und dem angebrachten Wasserstandsanzeiger zu erkennen ist, für eine Niederdruck-Dampfheizungsanlage bestimmt. Seine Verwendung ist jedoch auch bei Warmwasserheizung ohne weiteres möglich. Der ganze Kessel ist dann mit Wasser gefüllt, und das Wasserstandsglas fällt fort.

Einen Großkessel von großer Leistung stellt der in Abb. 53

dargestellte Hollandkessel dar, der ebenfalls sowohl für Niederdruckdampf-, wie auch für Warmwasserheizungsanlagen verwendet wird. Im vorderen Teil des Kessels befindet sich ein weites Flammrohr, in dem der Rost mit der Feuerstelle angeordnet ist. Im hinteren Teil des Kessels befinden sich Rauchrohre und zwei Rauchkammern, durch die die Rauchgase im oberen Teil des Kessels nach hinten, im mittleren wieder nach vorne und im unteren zurück nach hinten und durch die zweite Rauchkammer in den Fuchs abziehen. Der Kessel eignet sich zur Verfeuerung verschiedener Brennstoffe und kann auch, wie angedeutet, mit mechanischen Beschickungseinrichtungen versehen werden. Diese Kessel werden in Größen von 40 bis 150 m^2 hergestellt und erreichen bei Warmwasser und Niederdruckdampf Leistungen bis zu 12000 $kcal/m^2h$.

Bei der Ausbildung der Heizkessel für Gas als Brennstoff ist man verschiedene Wege gegangen. Will man einfache Brenner mit vielen kleinen Flammen benutzen, so muß oberhalb derselben ein größerer Raum zur Erzielung einer vollständigen und rußfreien Verbrennung des Gases vorhanden sein wie im Kessel der Rohleder-Kesselschmiede (Abb. 54). Die Verbrennungsgase durchziehen dann das im oberen Teil befindliche Rohrbündel und strömen zum Schornstein. Zur gleichmäßigen Verteilung aller Verbrennungsgase und damit zur Erhöhung des Wirkungsgrades des Kessels sind in die Rohre Widerstandskörper eingehängt.

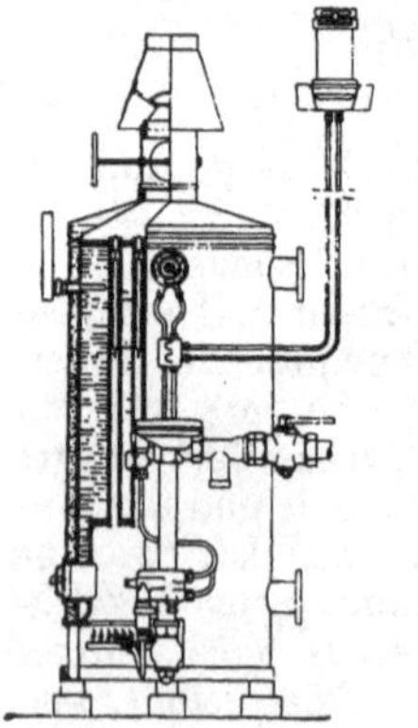

Abb. 54. Gasheizkessel Rohleder-Kesselschmiede)

Abb. 55 zeigt einen gußeisernen Gliederkessel für Gasfeuerung. Sofern bei diesem der größere Verbrennungsraum fehlt, werden Bunsenbrenner benutzt, von denen unter jedem Gliede einer eingebaut ist. Auch bei diesem Kessel werden durch an die Glieder angegossene Warzen Widerstände geschaffen, um den Wirkungsgrad zu erhöhen.

Alle derartigen Kessel erhalten Zugunterbrecher und Rückstausicherung.

Man hat neuerdings nach Wegen gesucht, den Wirkungsgrad gasgefeuerter Heizkessel zu erhöhen, und ist darauf gekommen, das Prinzip des gasbeheizten Glühkörpers auch hier zu be-

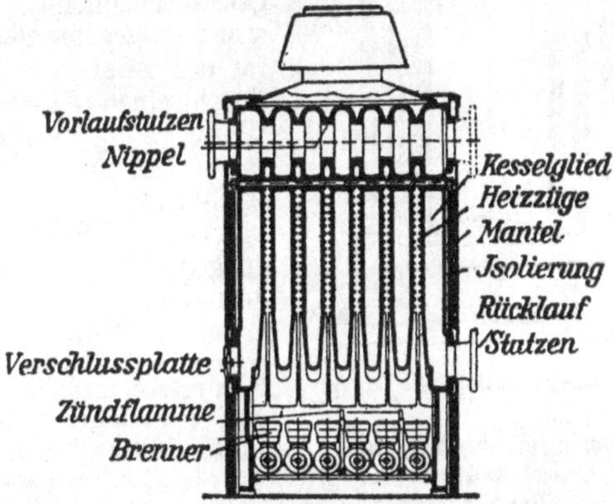

Abb. 55. Gasheizkessel (Nationale Radiator Ges.)

nutzen. Es werden Glühkörper aus keramischen Stoffen verwendet, die durch die heißen Abgase der Gasbrenner zum Glühen gebracht werden und ihre Wärme durch Strahlung auf die umgebenden Kesselwandungen abgeben. Gleichzeitig geben die an den Kesselwandungen entlang streichenden heißen Gase ihre Wärme auch durch Konvention an die Kesselwandungen ab. Einen nach diesem Prinzip gebauten Gasstrahlheizkessel zeigt Abb. 56. Diese Kessel werden bis zu 80000 kcal/h Leistung gebaut. Der Wirkungsgrad soll bei etwa 85% liegen.

Für sehr große Leistungen werden sog. Hochleistungskessel (Abb. 57) benutzt. In einem liegenden Walzenkessel befinden sich mehrere Reihen Heizrohre. Vor jedem ist ein

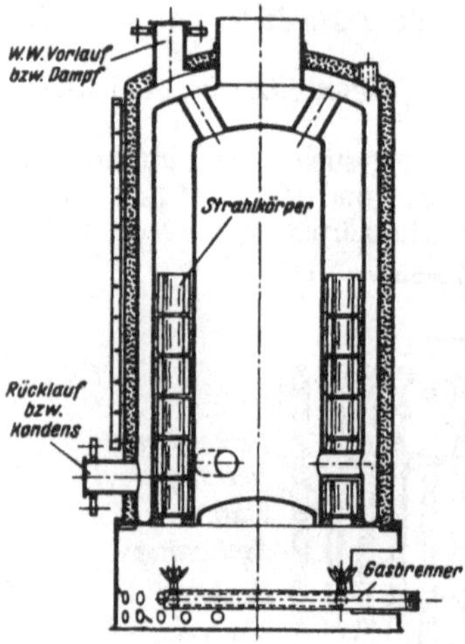

Abb. 56. Gasstrahlheizkessel (Haas)

Bunsenbrenner angebracht, dessen Flamme die in dem Rohre liegenden Glühkörper aus feuerfestem Werkstoff erwärmt. Da bei dieser Bauart die Füllstücke den Verbrennungsgasen erheblichen Widerstand entgegensetzen, muß für den Abzug der Abgase durch einen Absaugeventilator gesorgt werden. Infolge der zwangsläufigen Abführung der Abgase können Rückstausicherung und Zugunterbrecher entfallen.

Bei der Verbrennung von Gasen, mit Ausnahme des Naturgases, enthalten die Abgase schwefligsaure Dämpfe. Es muß verhütet werden, daß diese sich niederschlagen, da das Eisen der Kessel dadurch angegriffen wird. Die Temperatur der Abgase darf daher nicht unter 100° herabsinken.

Vielfach ist der Wunsch entstanden, vorhandene Zentralheizungskessel auf Gasfeuerung umzustellen, und es wurde hierfür eine Anzahl von Bauarten entwickelt. Allerdings konnten meistens diese Gasbrenner für Heizkessel nicht befriedigen, da der Wirkungsgrad zu ungünstig lag, so daß der Betrieb unwirtschaftlich wurde und nur als Behelf anzusehen war. Das obenerwähnte Gasstrahl-

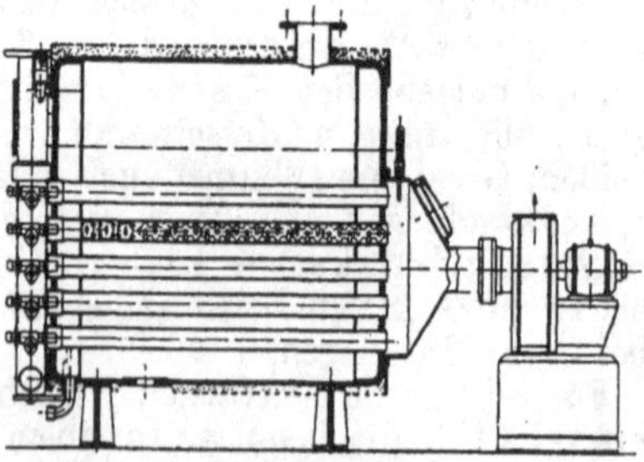

Abb. 57. Hochleistungs-Gasheizkessel (Rud. Otto Meyer)

verfahren verspricht nun, auch hier zu zufriedenstellenden Ergebnissen zu führen.

In dem umzustellenden Kessel (Abb. 58) wird ein Brennerrohr mit einer Anzahl von Gasbrennern angebracht. Im Feuerraum werden Spezialglühkörper so aufgebaut, daß sie die Wände des Feuerraumes nicht berühren und durch die

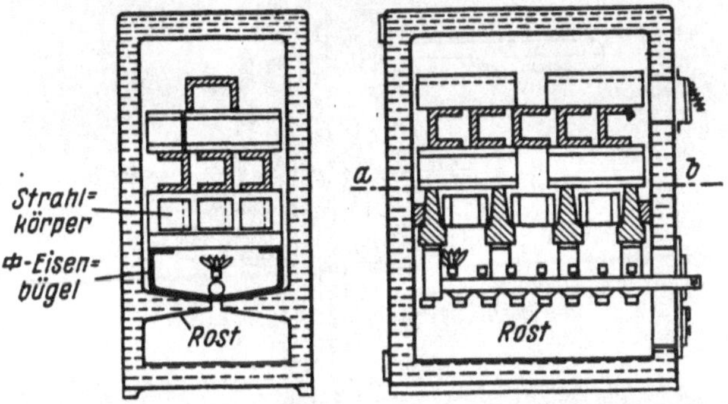

Abb. 58. Umstellung eines Heizkessels nach dem Gasstrahlverfahren (Haas)

heißen Gase zum Glühen gebracht werden. Der erzielte Wirkungsgrad liegt nach Angaben des Herstellers über 80%. Ein Vorteil ist, daß die Einbauten jederzeit wieder entfernt werden können, so daß der Kessel für feste Brennstoffe benutzt werden kann.

Ölfeuerungen für Zentralheizungskessel finden neuerdings zunehmende Verbreitung. Ihre Vorzüge sind einfache Bedienung, die zudem bei vollselbsttätigen Anlagen nahezu völlig entfällt, rasches Anheizen, gute Regelfähigkeit, einfache Brennstoffübernahme und -lagerung, Fortfall von Schlacke und Asche sowie hoher Wirkungsgrad. Für die Zerstäubung des zur Verbrennung gelangenden Heizöls gibt es zwei Wege: die unmittelbare Zerstäubung unter Flüssigkeitsdruck und die mittelbare Zerstäubung mittels Preßluft. In Ländern, in denen hochwertige und dünnflüssige Heizöle zu

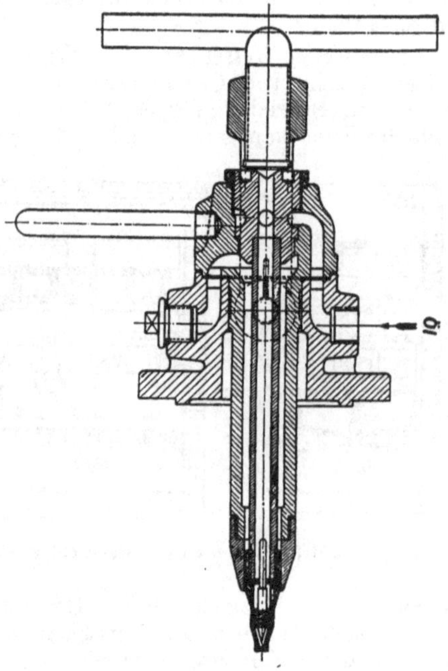

Abb. 59. Zentrifugal-Ölbrenner (Körting

billigem Preise zur Verfügung stehen (z. B. Gas- und Dieselöl), wird die Druckzerstäubung bevorzugt. In Deutschland werden Feuerungen mit Druckzerstäubung nur für Großkesselanlagen verwendet, bei denen es möglich ist, die verwendeten Heizöle so hoch vorzuwärmen, daß sie im Druckverfahren wirtschaftlich verheizt werden können und wo dauernd Überwachung und Bedienung vorhanden ist. Da in einzelnen Fällen derartige Anlagen auch für Heizungszwecke verwendet werden, sei hier kurz darauf eingegangen.

Das Heizöl wird durch eine Pumpe unter einem Druck von 5 bis 20 atü dem Brenner zugeführt. Auf dem Wege zum Brenner wird es je nach Zusammensetzung in einem Vorwärmer auf 60 bis 150° C vorgewärmt. In dem Brenner (Abb. 59) wird ihm durch einen zuerst von Joh. Körting angegebenen schneckenartigen Drallkörper eine drehende Bewegung erteilt. Das Öl wird durch die axiale Bewegung und die durch die Drehung wirkende Fliehkraft in feinste Teile zerrissen und in vernebelter Form dem Feuerungsraum zugeführt. Zur Verbesserung der Verbrennung und Verlängerung des Flammenkegels wird durch eine ringförmig um die Öldüse herumgelegte zweite Düse Preßluft oder Dampf zugeführt.

In Deutschland stehen vorzugsweise schwerflüssige Heizöle zu wirtschaftlichen Preisen zur Verfügung, z. B. Stein- und Braunkohlenteeröl, Schwelöle, Abfallöle aus der Mineralölaufbereitung u. dgl. Bei derartigen Ölen neigen die sehr feinen Düsen der Druckölfeuerungen zu Verstopfungen durch Verkrustung. Außerdem unterliegen die Öldruckpumpen starkem Verschleiß. Es wurden daher Feuerungen entwickelt, bei denen die Zerstäubung und die Ansaugung des Öls durch Preßluft erfolgt. Das Öl läuft dem Brenner durch Schwerkraft zu, wobei der Zulauf durch ein Schwimmergefäß oder ein anderes Regelorgan so begrenzt wird, daß bei abgestellter Feuerung kein Öl austreten kann. Eine Öldruckpumpe ist nicht erforderlich. Diese Ölfeuerungsanlagen arbeiten vollselbständig und bedürfen praktisch keiner laufenden Überwachung, wenn man von der Inbetriebnahme und Einstellung der gewünschten Temperaturen absieht.

Die Wirkungsweise ist folgende (Abb. 60): Ein kleiner elektrisch angetriebener Verdichter erzeugt Preßluft, die dem Brenner zugeführt wird und dabei die benötigte Heizölmenge ansaugt. Durch den Luftdruck wird ein vernebeltes Öl-Luft-Gemisch erzeugt, das durch eine elektrische Glühkerze entzündet wird. Der Antriebsmotor treibt gleichzeitig einen kleinen Lüfter, der die benötigte Verbrennungsluft in den Feuerraum fördert. Der Feuerungsraum des Kessels wird mit einer feuerfesten Ausmauerung an den Stellen versehen, die durch die Flamme unmittelbar beaufschlagt werden. Hierdurch werden diese Teile des Kessels vor örtlicher Überhitzung geschützt und gleichzeitig durch die Strahlungswirkung der zum Glühen kommenden feuerfesten Massen eine bessere Wärmeausnutzung erreicht.

Die selbsttätige Ölfeuerungsanlage arbeitet mit unterbrochenem Betrieb. Bei Erreichung einer eingestellten Höchst-

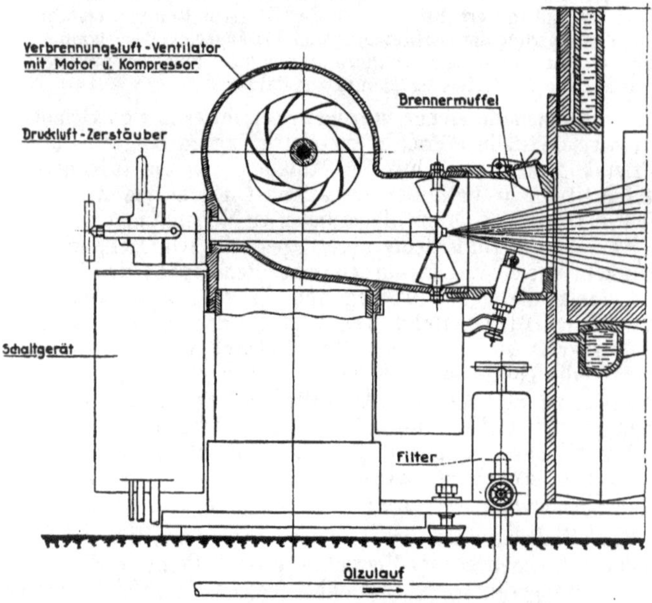

Abb. 60. Ölfeuerungsanlage für Zentralheizungskessel (Körting)

temperatur bzw. bei ND-Heizungen eines bestimmten Dampfdruckes schaltet ein Regelorgan die Anlage ab, um sie wieder einzuschalten, wenn die Temperatur bzw. der Druck unter eine bestimmte Grenze gesunken ist. Die Zündkerze ist so eingerichtet, daß sie jeweils nur zur Entzündung des Öl-Luft-Gemisches kurzzeitig eingeschaltet ist. Zur Überwachung der

Anlage ist eine optische Zündungsüberwachung vorhanden. Bleibt die Zündung nach dem Einschalten aus, oder verlischt die Flamme aus einem anderen Grunde, so wird ein zweiter Zündimpuls gegeben. Bleibt auch dieser erfolglos, so schaltet sich die Anlage selbsttätig ab, und es wird ein Warnungssignal ausgelöst.

Der Wirkungsgrad derartiger Anlagen wird mit bis zu 85% angegeben. Infolge der guten Regelfähigkeit der Anlagen arbeiten diese recht sparsam. Bei den in Deutschland meistens verwendet werdenden Heizölen kann man damit rechnen, daß das Verhältnis: fester Brennstoff zu Heizöl wie 2:1 ist, d. h., wenn sonst 20 Tonnen Koks verbraucht werden, kommt man mit 10 Tonnen Heizöl aus.

Diese Ölfeuerungsanlagen haben den Vorzug, daß die eigentlichen Heizkessel völlig unverändert bleiben, wenn man von der leicht anzubringenden feuerfesten Auskleidung des Feuerungsraumes absieht. Es besteht daher die Möglichkeit, im Bedarfsfalle die Kesselanlage sehr rasch von Koks auf Öl umzustellen und umgekehrt.

Abschnitt 12
Größenbestimmung der Heizkessel

Die Ermittlung der Größe der Heizkessel erfolgt nach den „Regeln für die Berechnung der Kessel von Heizungsanlagen DIN 7402".

Die Grundlage dieser Ermittlung bildet der nach den „Regeln für die Berechnung des Wärmebedarfs von Gebäuden DIN 4701" errechnete Wärmebedarf der zu beheizenden Gebäude. (Vgl. hierzu Bd. I.)

Die Heizflächengröße des Kessels ergibt sich aus der Gleichung

$$F = \frac{Q}{K}\,.$$

Darin bedeutet:

F die Heizfläche des Kessels in m^2,
K die Heizflächenbelastung in $kcal/m^2 \cdot h$,
Q die vom Kessel verlangte Wärmeleistung in kcal/h.

Zahlentafel 1

Normalbelastung (kcal/m² · h) für Füllschachtkessel, Gliederkessel aus Grauguß und stählerne Kessel ähnlicher Bauart (DIN 4702)

Kesselgruppe	Kesselart	Brennstoff	Heizflächenbelastung in kcal/m² u. Std.			
			Unterabbrand		Oberabbrand	
			Warmwasser	ND-Dampf	Warmwasser	ND-Dampf
Kleinkessel bis ~ 5 m²	Kokskessel	Koks	10000	9000	12000	10000
		Stadt- u. Ferngas	10000	9000	10000	10000
	Kohlenkessel (sog. Allesbrenner)	Koks	9000	8000		
		Mager-, Flammkohlen, Schwelkoks, Perlkoks	9000	8000		
		Braunkohlenbriketts	8000	7000		
	Ölfeuerungskessel	Gas- u. Teeröle			10000	9000
	Gas-Spezialkessel	Stadt- u. Ferngas	10000	10000		
Normalkessel ~ 4—18 m²	Kokskessel	Koks	8000	7000	8000	7000
		Stadt- u. Ferngas	8000	7000	8000	7000
Mittelkessel ~ 12—30 m²	Kohlenkessel (sog. Allesbrenner)	Koks	8000	7000		
		Mager-, Flammkohlen, Schwelkoks, Perlkoks	7000	7000		
		Braunkohlenbriketts	8000	7000		
		Stadt- u. Ferngas	8000	7000		
	Ölfeuerungskessel	Gas- u. Teeröle			8000	7000
	Gas-Spezialkessel	Stadt- u. Ferngas	10000	10000		
Großkessel	Kokskessel	Koks	8000	7000	8000	7000
		Stadt- u. Ferngas	8000	7000	8000	7000
	Kohlenkessel (sog. Allesbrenner)	Koks	7000	6000		
		Mager- u. Flammkohlen, Schwel- u. Perlkoks	6000	6000		
		Braunkohlenbriketts	8000	7000		
		Stadt- u. Ferngas	8000	7000		
	Ölfeuerungskessel	Gas- u. Teeröle			8000	7000
	Gas-Spezialkessel	Stadt- u. Ferngas	10000	10000		

Als Heizfläche ist die gesamte feuer- und rauchgasberührte Kesselfläche zu rechnen.

Zahlentafel 1 enthält einen Auszug aus DIN 4702. Die Zahlenwerte geben die Normalbelastung der Kessel bei der gebräuchlichen Benutzungsweise der Heizungsanlagen an.

Wird der Kessel mit Gas beheizt, so ist wegen der mangelnden Überlastbarkeit der Gasfeuerung der Wert der verlangten Wärmeleistung um 25 % zu erhöhen.

Die verlangte Wärmeleistung ist noch zu vermehren um die Zuschläge z_R für die Wärmeverluste des Rohrnetzes:

$z_R = 0{,}05$ für Anlagen mit geschützt liegenden Rohrleitungen (Steigestränge an Innenwänden, Verteilungsleitungen mit Wärmeschutz in kalten Räumen);

$z_R = 0{,}10$ für Anlagen mit weniger geschützt liegenden Rohrleitungen (Steigestränge an Außenwänden, Verteilungsleitungen mit Wärmeschutz in kalten Räumen);

$z_R = 0{,}15$ für Anlagen mit besonders ungünstig liegenden Rohrleitungen (Steigestränge in Mauerschlitzen der Außenwände, Verteilungsleitungen mit Wärmeschutz im kalten Dachgeschoß).

Werden die Anlagen auch bei starker Kälte täglich außer Betrieb gesetzt, so ist ein weiterer Zuschlag Z_n zu machen:

$z_n = 0{,}1$ bei Dampfheizungen,

$z_n = 0{,}2$ bei Warmwasserheizungen.

Sollen die Heizkessel noch anderen Zwecken (Warmwasserversorgung, Kochzwecke, Wäscherei) dienen, so muß deren Wärmebedarf zugeschlagen werden. Unter Umständen empfiehlt sich die Aufstellung eines Wärmeschaubildes über 24 Stunden des Tages. Die verlangte Wärmelieferung wird dann nach dem Höchstwert des Schaubildes bemessen.

Abschnitt 13

Zubehör der Heizkessel

Außer dem für jeden Heizkessel nötigen Feuergeschränke mit dicht schließenden Türen und der Rosteinrichtung gehören zu jedem Kessel ein Entleerungshahn und eine Füllvorrichtung. Wenn das Kesselwasser unmittelbar aus der Wasserleitung entnommen wird, ist es zweckmäßig, des sicheren Abschlusses wegen zwei Niederschraubventile hintereinander einzubauen, da jede unnötige Zuführung frischen Wassers verhütet werden muß.

An jedem Warmwasserkessel muß ferner ein Thermometer zum Ablesen der Kesselwassertemperatur angebracht werden. Es ist durch eine Metallhülse geschützt und wird so eingebaut, daß seine Quecksilberkugel in das Kesselinnere hineinragt (Abb. 61).

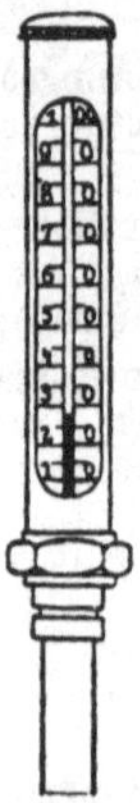

Abb. 61. Thermometer für Warmwasserheizung

Niederdruckdampfkessel müssen mit einem Wasserstandsglas, das mit einer den niedrigsten Wasserstand bezeichnenden Marke versehen ist, und mit einem Manometer ausgerüstet sein, dessen Meßbereich von 0 bis höchstens 1 kg/cm² (1 atü) geht.

Außerdem muß ein Standrohr vorhanden sein, das eine unzulässige Erhöhung des Kesseldrucks verhindert (s. Bd. I, Abschn. 34). Die Ausführung der Standrohre ist gesetzlich geregelt (DIN 4750). Ihre lichte Weite, die nicht unterschritten werden darf, ergibt sich aus der Kesselleistung nach Zahlentafel 2.

Da der Wasserinhalt der Heizkessel nur sehr gering ist, so daß eintretender Wassermangel leicht Schaden anrichten kann, muß dafür gesorgt werden, daß, sofern das Standrohr wegen zu hohem Kesseldrucks in Tätigkeit tritt, das herausgeschleuderte Wasser aufgefangen wird, also dem Kessel wieder zugeführt wird. In den DIN-Vorschriften sind verschiedene Ausführungsformen von Standrohren angegeben, die diesen Zweck erfüllen.

Diese Nennweiten gelten nur für unmittelbar an die Kessel angeschlossene Standrohre. Wegen Einzelheiten der Ausführung besonders auch beim Anschluß mehrerer Kessel muß auf die gesetzlichen Vorschriften verwiesen werden.

Abb. 62 zeigt eine derartige Ausführung. Das Standrohr *b* taucht in den Topf *T*, der durch *a* mit dem Dampfraume des Kessels in Verbindung steht. Die in dem Topf befindliche Wassermenge, die zur Absperrung des Dampfraumes dient, muß so groß sein, daß das

Zahlentafel 2

Standrohre für Niederdruckdampfheizungen

Kesselleistung in 1000 kcal/h	35	55	115	280	560	940	1600	2800	4400
Nennweite des Standrohrs (mm)	32	(40)	50	(60)	80	100	125	150	175

Standrohr erst freigegeben wird, wenn der zulässige Druck überschritten wird. In solchem Fall wird das Sperrwasser in den sog. Auspufftopf *A* geschleudert und in diesem aufgefangen. Nachdem der Druck aus dem Kessel verschwunden ist, fließt das Wasser durch die Löcher *d* und das Rohr *R* in den Topf *T* zurück und dient wieder zur Absperrung des Dampfraumes. Die Höhe des Standrohrs richtet sich nach dem Betriebsdruck, mit dem die Anlage im Höchstfall arbeiten soll. Zu der diesem Drucke entsprechenden Wassersäulenhöhe wird ein Zuschlag von 0,2 m gemacht. Die Standrohrhöhe für einen Betriebsdruck von 0,1 atü (=1 m Wassersäule) ist also 1,2 m.

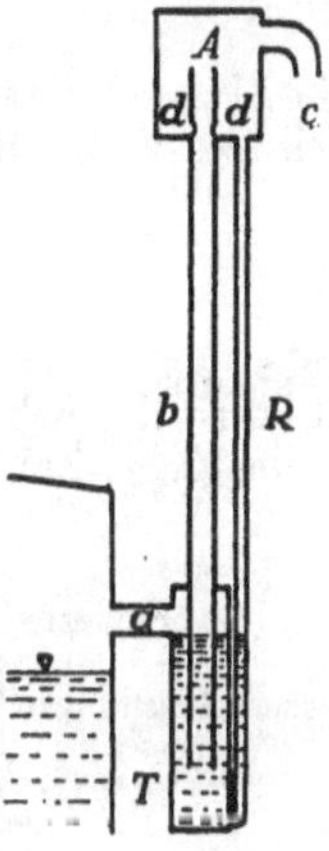

Abb. 62. Sicherheitsstandrohr f. ND-Heizungen

Außer den gesetzlich vorgeschriebenen Einrichtungen pflegt man eine Warnungspfeife, die bei Entstehung eines zu hohen Drucks ertönt, anzubringen. Auch Wassermangelpfeifen und selbsttätige Nachspeisevorrichtungen kommen zur Anwendung. Auf alle diese Einrichtungen darf man sich nicht zu sehr verlassen und darf es an guter Aufsicht der Anlage nicht fehlen lassen.

Abschnitt 14

Sicherheitsvorschriften für Warmwasserheizungen

Bei jeder Warmwasserheizung muß nach gesetzlicher Vorschrift (DIN 4751) dafür gesorgt werden, daß im Heizkessel unter keinen Umständen ein höherer Druck entstehen kann, als dem Höhenunterschied vom Kessel zum Ausdehnungsgefäß entspricht. Zwischen beiden muß daher im Vor-

und Rücklauf eine Sicherheitsleitung in ausreichender Weite vorhanden sein, in der sich keine Absperrvorrichtung befindet. Hierzu können Teile des Rohrnetzes der Heizungsanlage benutzt werden. Die Sicherheits-Vorlaufleitung (SV), die oben vom Kessel abgeht und im Ausdehnungsgefäß mündet, erhält einen lichten Durchmesser von

$$d_{SV} = 15 + 1{,}5\sqrt{\frac{Q}{1000}},$$

die Sicherheits-Rücklaufleitung (SR), die den unteren Teil des Ausdehnungsgefäßes mit dem Rücklauf verbindet

$$d_{SR} = 15 + \sqrt{\frac{Q}{1000}},$$

wobei bei beiden die Rohrweite von 25 mm unterste Grenze ist. d ist der lichte Durchmesser in mm, Q die Kesselleistung in kcal/h, s. Zahlentafel 3.

Zahlentafel 3

Sicherheitsleitungen für Warmwasserheizungen

Sicherheitsleitungen d_{SV} u. d_{SR} Nennweite	bis zu einer Kesselleistung von kcal/h für Sicherheits-Vorlaufteilung (SV)	für Sicherheits-Rücklaufleitung (SR)
25	50000	90000
32	130000	290000
40	280000	630000
50	550000	1230000
60	900000	2000000
70	1400000	3000000
80	1900000	4200000
90	2500000	5600000
100	3200000	7200000
110	4000000	9000000
125	5400000	12100000
140	6900000	15600000
150	8100000	18200000

Bei Anlagen mit mehreren Kesseln, die man einzeln absperrbar macht, um sie nach Bedarf ausschalten zu können, müssen die Absperrvorrichtungen so beschaffen sein, daß sich

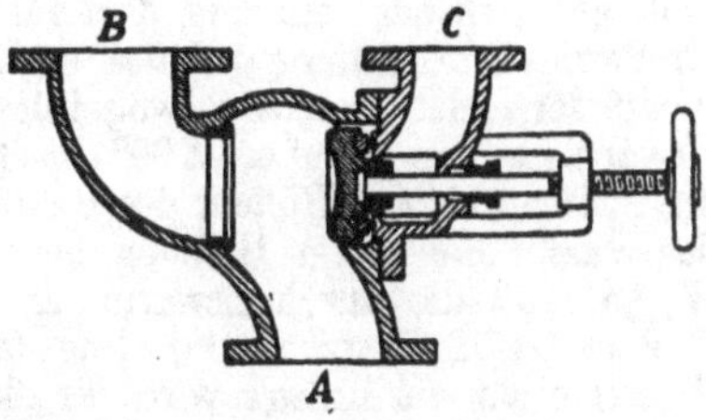

Abb. 63. Wechselventil

ein Nebenweg vom Kessel zu einer Ausblaseleitung öffnet, wenn dieser vom Leitungsnetz abgesperrt wird.

Es sind zu diesem Zweck besondere Wechselventile entstanden, von denen Abb. 63 eine Ausführungsform darstellt. Bei in Betrieb befindlichen Kesseln ist der Weg *AB* offen. Wird das Ventil geschlossen, so öffnet sich der Weg *AC*. Auch für diese Absperrungen gelten die Vorschriften.

Abschnitt 15

Ausdehnungsgefäße für Warmwasserheizungen

Die Arbeitsweise der Ausdehnungsgefäße ergibt sich aus der Darstellung in Bd. I, Abschn. 24.

Abb. 64 zeigt ein Ausdehnungsgefäß, das in der üblichen Ausführung meistens aus verzinktem Eisenblech hergestellt wird. Der Deckel mit dem aufgesetzten Luftrohr *L* muß dicht verschlossen sein. Unter dem Gefäß ist eine Tropfschale angebracht. Durch das Steigrohr *S* steht das Gefäß mit dem Rohrnetz der Heizung in Verbindung. Das Rohr *W* führt zu einem Wasserstandshöhenanzeiger im Heizraum, so daß der Wasserstand in der Anlage von dort aus überwacht und Wassermangel durch Nachspeisung abgestellt werden kann. *U* ist ein Überlaufrohr, dessen Weite, ebenso wie die des Luftrohres *L* den Vorschriften der Sicherheitsvorlaufleitung entsprechen muß. Ihre Mündung

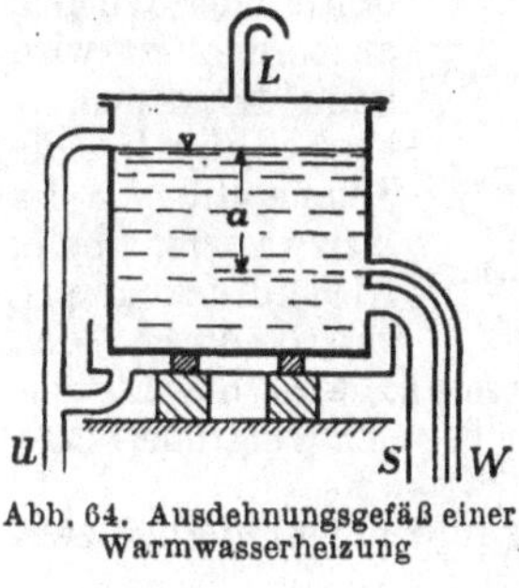

Abb. 64. Ausdehnungsgefäß einer Warmwasserheizung

muß gut sichtbar sein und darf nicht ins Freie führen. Die Größe des Ausdehnungsgefäßes ergibt sich aus dem Wasserinhalt der Heizungsanlage, wobei dessen Ausdehnung bei der Erwärmung von 4^0 auf etwa 90^0 (= etwa 4 v. H.) das Mindestmaß der nutzbaren Höhe *a* des Behälters festlegt. Steht also das Wasser bei kalter Heizung bis zur Mündung des Rohres *W*, so muß die durch Erwärmung vermehrte Wassermenge in dem Gefäß Platz haben, ohne daß Wasser abfließt. Der Wasserinhalt der Anlage wird für die Heizkessel und -körper aus den Drucksachen der Hersteller, für die Rohrleitung aus den in Abschnitt 17 über Rohrleitungen gemachten Angaben bestimmt.

Wo die Ausdehnungsgefäße der Gefahr des Einfrierens ausgesetzt sind, müssen sie mit ausreichendem Wärmeschutz versehen werden. Man setzt sie in geräumige Kästen und füllt den Zwischenraum mit Sägespänen oder dgl. als Wärmeschutz aus.

Abschnitt 16
Verbrennungsregler

Um die Leistung der Kessel dem wechselnden Bedarf der Heizungsanlage anzupassen, werden **selbsttätige Regler** benutzt, die die Luftzuführung zum Verbrennungsraum durch Verstellen einer Drosselklappe regeln. Diese Klappe, die entweder in der Aschfalltür oder daneben angeordnet ist, wird beim Warmwasserkessel durch die Temperatur des Heizwassers, beim Niederdruckdampfkessel durch den Kesseldruck gesteuert. Steigen diese, so wird die Luftzuführung verringert, beim Absinken dagegen vergrößert und so die Verbrennung beeinflußt.

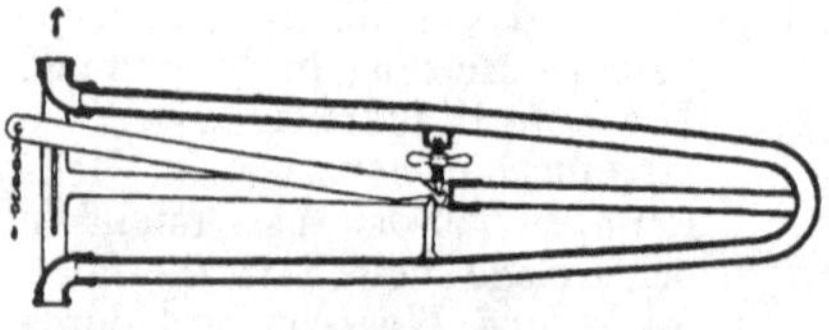

Abb. 65. Regler für Warmwasserheizung Delta (Wilfferodt)

Bei den **Warmwasserheizungen** werden hierbei zwei

grundsätzlich verschiedene Wege beschritten. Den ersten zeigt Abb. 65 als Beispiel für viele verschiedene Ausführungsformen.

Der Regler besteht aus einem gebogenen Rohr, das von einem Teil des Vorlaufwassers durchflossen wird. Die Schenkel sind an den Krümmern untereinander und mit dem Bogen durch Flacheisen und ein angeschweißtes Rohrstück starr verbunden. Steigt die Temperatur des durchfließenden Wassers, so will sich das Rohr unter dem Einfluß der Wärmespannungen ausdehnen. Das kann aber nur durch eine Änderung der Krümmung in den Schenkeln erfolgen. Dadurch entfernen sich die in der Mitte etwas gegeneinander versetzten und mit Schneiden versehenen Stifte, und der eingehängte Hebel ändert seine Lage. Das schwingende Ende ist durch eine mit einer Voreinstellung versehenen Kette mit der Drosselvorrichtung für die Verbrennungsluft verbunden.

Ein anderer bei derartigen Reglern beschrittener Weg besteht in der Ausnutzung des infolge von Temperaturänderungen sich verändernden Raumbedarfs einer in einem Hohlkörper eingeschlossenen Flüssigkeit (Abb. 66).

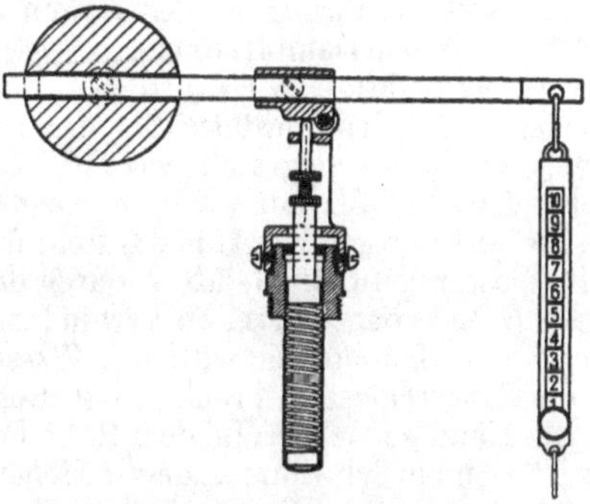

Abb. 66. Regler für Warmwasserheizung mit Ausdehnungswellrohr (Jansen)

Ein mit Glyzerin gefüllter Hohlkörper aus gewelltem Rohr wird so an dem Kessel angebracht, daß er in den Wasserraum hineinragt. Steigt die Kesseltemperatur, so dehnt sich die eingeschlossene Flüssigkeit aus und verlängert das Wellrohr. Diese Bewegung wird wiederum in geeigneter Weise auf die Drosselklappe übertragen. Die Voreinstellung erfolgt durch Verlängern und Verkürzen der Übertragungskette mittels der rechts dargestellten Einstellskala.

Bei den Niederdruckdampfheizungen sind Verbrennungsregler unbedingt erforderlich, da bereits geringe

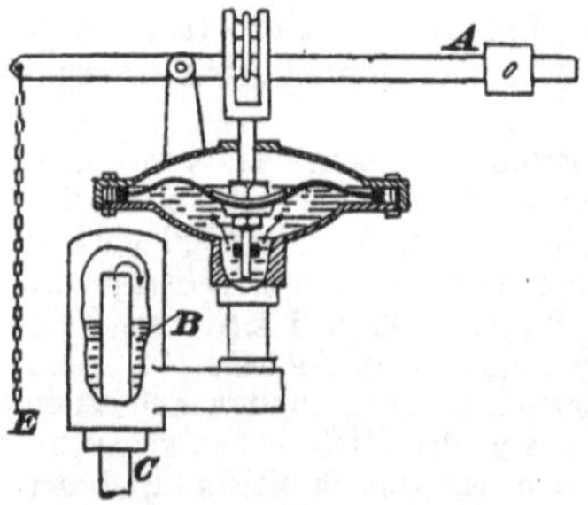

Abb. 67. Membranregler

Schwankungen des Kesseldrucks zu größeren Störungen im Betrieb der Anlagen Anlaß geben können.

In den vielfach benutzten Membranreglern (Abb. 67) wird der Kesseldruck auf eine gewellte elastische Platte übertragen, die sich hebt und senkt und dadurch über Hebelwerk und Kette die Drosselklappe der Luftzuführung betätigt. Das Gerät steht über das zum Schutz der Membranplatte vor der unmittelbaren Berührung mit dem Dampf vorgeschaltete Wassergefäß *B* mit dem Dampfraum des Kessels in Verbindung. Durch Verschieben des Gewichtes *A* kann der Regler auf jeden gewünschten Dampfdruck im Kessel eingestellt werden.

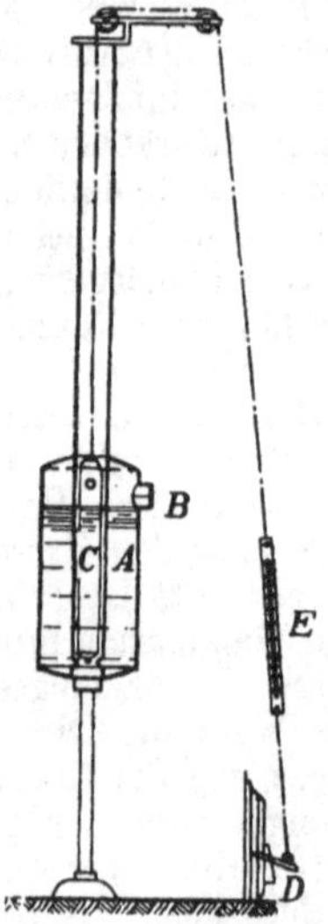

Abb. 68. Schwimmerregler f. ND-Heizungen

Bei den ebenfalls häufig vorkommenden Schwimmerreglern (Abb. 68) steht das mit Wasser gefüllte Gefäß *A* durch das Rohr *B* mit dem Kessel in Verbindung. Durch den Kesseldruck wird das Wasser in dem angeschlossenen senkrechten Rohr in die Höhe getrieben. In dem Rohr befindet sich ein Schwimmer, dessen Höhenlage sich mit dem Wasserstande ändert. Diese Bewegung wird durch die über Rollen geführte Kette auf die Drosselklappe *D* übertragen, die sich also bei steigendem Druck schließt und bei fallendem öffnet. Die Voreinstellung des Reglers erfolgt durch die Einstellvorrichtung *E*, die es gestattet, die Kette zu verlängern oder zu verkürzen und so die Zufuhr der Verbrennungsluft dem Kesseldruck anzupassen.

Vielfach sind diese Regler mit dem vorgeschriebenen Sicherheitsstandrohr vereinigt worden, um den Aufbau zweier ähnlicher Gebilde an einem Kessel zu vermeiden. Abb. 69 stellt einen solchen Standrohrregler dar. Die Standrohreinrichtung entspricht der in Abb. 53 dargestellten Ausführung, nur mit dem Unterschiede, daß das eigentliche Standrohr *C*, weil es den röhrenförmigen Schwimmer *H* aufgenommen hat, um so viel weiter ist, daß neben diesen noch der gesetzlich vorgeschriebene Standrohrquerschnitt verbleibt. Der Schwimmer hängt an einem Hebel *T*, und dieser steht durch eine Kette mit der in der Feuertür befindlichen Luftklappe *Q* in Verbindung. Auf dem Hebel *T* befindet sich ein Schiebegewicht, durch das die Tauchtiefe des Schwimmers entsprechend dem für die Anlage vorgesehenen höchsten Betriebsdruck eingestellt wird.

Es ist vorgesehen, daß während des Betriebes der Anlage der Betriebsdruck geändert werden kann. Das geschieht dadurch, daß kleine Belastungsgewichte auf in der Kette befindliche Rasten *G* gelegt oder von diesen abgehoben werden. Bekanntlich ändert man die Leistung einer Warmwasserheizung dadurch, daß man die Temperatur des umlaufenden Heizwassers erhöht oder herabsetzt. Diese vom Heizkessel ausgehende Leistungsänderung nennt man „Allgemeinregelung“ (generelle Regelung). Sie wird mit Recht als eine der besten Eigenschaften der Warmwasserheizung angesehen. Genau das gleiche kann man bei entsprechend ausgeführten Niederdruckdampfheizungen durch Änderung des Betriebsdruckes erzielen. Man kann bei diesen durch völliges Abschalten des Betriebsdrucks eine zeitweilige Unterbrechung der Heizwirkung eintreten lassen. — Leider wird bei sehr

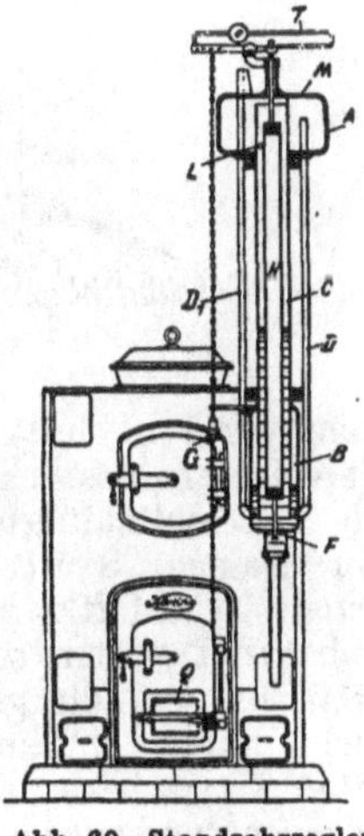

Abb. 69. Standrohrregler (Körting)

vielen der heute ausgeführten Niederdruckdampfheizungen von dieser Einrichtung kein Gebrauch gemacht und dadurch sehr viel Brennstoff verschwendet.

Schließlich sei noch auf einen Regler hingewiesen, der die Regelung nicht durch Anpassen der Luftzuführung an den Kesseldruck, sondern durch vollständiges Schließen und Öffnen der Luftklappe in Verbindung mit einer Nebenluftklappe im Schornstein bewirkt. Wegen dieser „syntaktischen" Verbin-

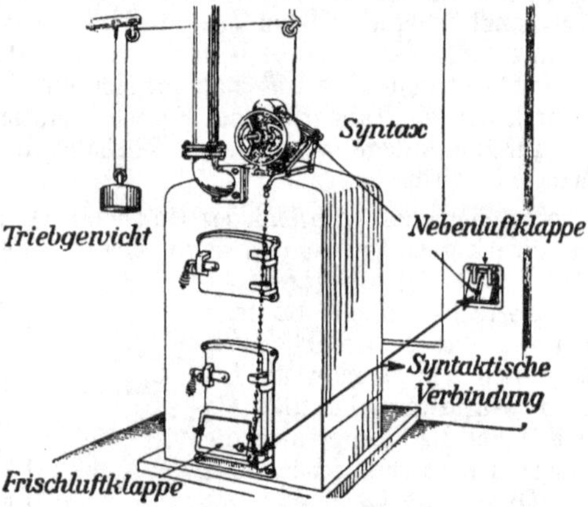

Abb. 70. Syntaxregler

dung der Frischluftklappe mit der Nebenluftklappe, die zur Verringerung des Schornsteinzuges dann geöffnet wird, wenn die Frischluftzuführung geschlossen ist, führt dieser Regler den Namen „Syntaxregler" (Abb. 70). Wenngleich derartige Nebenluftklappen zur Zugverringerung bisher nicht unbekannt waren, so konnten sie doch keine Verbreitung erlangen, weil die gedrosselte Luftklappe am Kessel trotz nicht immer einwandfreier Verbrennung des Brennstoffes ihren Zweck besser erfüllte. Die vorliegende Form erscheint dagegen durchaus geeignet, Brennstoffersparnisse zu zeitigen. Bemerkenswert an dem Regler ist das Triebgewicht, das wie ein Uhrwerk von Zeit zu Zeit aufgezogen werden muß. Dieser Regler kann sowohl für Warmwasser- wie für Niederdruck-Dampfkesselanlagen verwendet werden.

Abschnitt 17
Heizkörper

Wo immer bei Warmwasser- und Dampfheizungen Einzelheizkörper gebraucht werden, finden vorwiegend die aus senkrechten Gliedern zusammengesetzten Radiatoren Verwendung. Sie werden aus Gußeisen oder Stahlblech hergestellt. Während sich in Deutschland die Vorliebe für gußeiserne Radiatoren lange Zeit erhalten hat, haben in anderen Ländern, z. B. Schweden, die Stahlblechradiatoren diese fast vollständig verdrängt. Seit einiger Zeit führen sie sich auch in Deutschland mehr und mehr ein.

Das Gießen der Radiatorglieder ermöglichte einen großen Formenreichtum, so daß sich die Heizkörper den verschiedensten Wünschen anpassen ließen. Sie sind wesentlich schwerer als die Stahlblechradiatoren, deren Wandung (1 bis 1,5 mm) noch nicht die Hälfte der gußeisernen (4 bis 5 mm) stark ist. Das geringe Gewicht der Stahlblechradiatoren ist ein Vorteil beim Einbau; andererseits hat der gußeiserne die größere Beständigkeit für sich. Bei Dampfheizungen ist das von besonderer Bedeutung, da sie infolge des Wechselns von Luft und Dampf (Wasser) in den Heizkörpern leichter Verrostungserscheinungen ausgesetzt sind. Auch hat man bei Dampfheizungen durch Schwingungserscheinungen erzeugte singende Töne an Stahlblechradiatoren beobachtet.

Die Wärmeleistung beider Ausführungsformen ist annähernd gleich. Entgegen einer häufig vertretenen Anschauung bietet die dünne Wand der Stahlblechradiatoren in dieser Hinsicht keinen Vorteil.

Die Heizkörper werden von den Werken als Einheiten geliefert; nur wenn eine große Zahl von Gliedern für einen Heizkörper nötig werden, werden sie in einzelne Blöcke geteilt. Da die Glieder zusammengeschraubt werden, so ist es

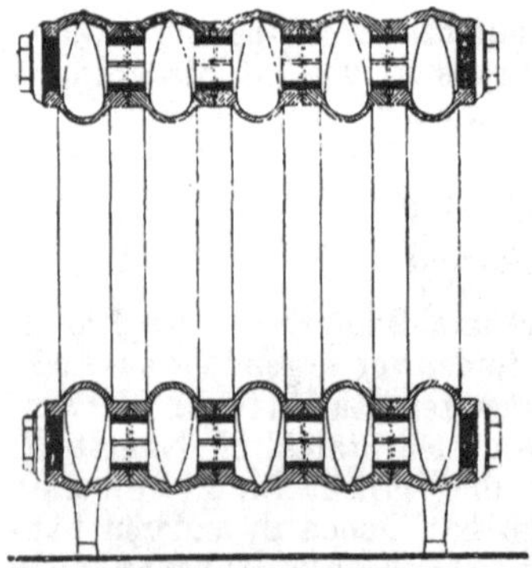

Abb. 71. Querschnitt eines gußeisernen Radiators

leicht, durch Ansetzen einzelner Glieder erforderlichenfalls eine Vergrößerung vorzunehmen.

Abb. 71 zeigt den Querschnitt eines Radiators, aus dem der Zusammenbau durch Nippel mit Rechts- und Linksgewinde und der Endverschluß zu erkennen sind. Zwei der Verschlüsse erhalten Bohrungen für die anzuschließenden Rohrleitungen.

Um die einzelnen Glieder eindeutig zu kennzeichnen, sind folgende Bezeichnungen eingeführt worden (s. Abb. 72):

Durch Normung (DIN 4720 und 4722) sind die früher bestehenden Unterschiede zwischen Leicht- und Schwerradiatoren, Krankenhausmodellen u. dgl. beseitigt. Die Bauhöhen wurden beschränkt, da nur noch Glieder mit vier Nabenabständen hergestellt werden. Ebenso wurden die Bautiefen vereinheitlicht.

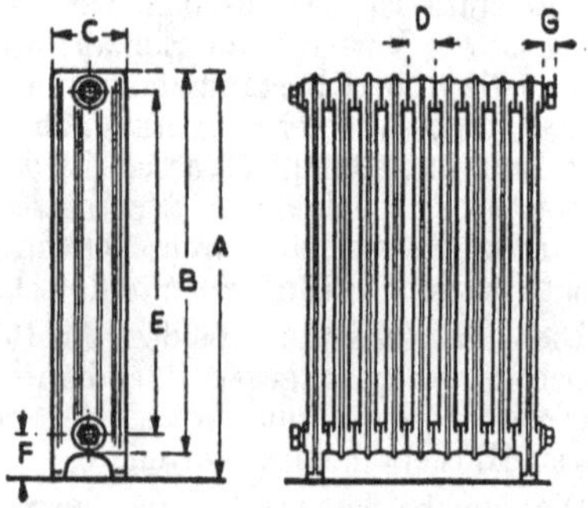

Abb. 72. Maßbezeichnung der Radiatoren

A Fußgliedhöhe, *B* Mittelgliedhöhe, *C* Bautiefe, *D* Baulänge, *E* Nabenabstand, *F* Untere Nabenhöhe, *G* Anschlußbaulänge

Äußerlich sind die Heizkörper verschiedener Herkunft einander sehr ähnlich, da jede Oberflächenverzierung fortgefallen ist. Man unterscheidet, wie bisher zwischen ein- und mehrsäuligen Gliedern, wobei die Säulenzahl der gußeisernen Glieder von 1 bis 3, der Stahlradiatoren bis zu 5 zu gehen pflegt. Die Baulänge der gußeisernen Glieder ist etwas größer, als die der Stahlradiatoren, so daß der Platzbedarf der letzteren geringer wird.

Die Abb. 73 und 74 zeigen die genormten Radiatoren, und zwar solche mit Füßen, die bei den Stahlradiatoren als besondere Stücke angesetzt werden. Die Heizkörper werden heute meist ohne Füße benutzt. Sie werden auf Konsolen an die Wände gehängt und mit Haltern festgehalten (s. Abb. 79).

In der Zeit der Eisenknappheit während und nach dem letzten Kriege wurden Heizkörper aus keramischen Massen (Porzellanheizkörper) entwickelt. Bei diesen Heizkörpern bestehen die einzelnen Glieder aus keramischem Werkstoff. Besondere Vorkehrungen müssen bei der Verbindung der einzelnen Glieder (Nippelung) getroffen werden, da die unterschiedliche Wärmeausdehnung von keramischer Masse und Eisen berücksichtigt werden muß, damit beim Aufheizen und Erkalten der Heizkörper die keramische Masse nicht springt und trotzdem die Verbindung dicht bleibt. Es ist eine Anzahl brauchbarer Bauarten auf dem Markt erschienen, jedoch hat sich der keramische Heizkörper trotz gewisser Vorzüge — die vor allem hygienischer Art sind — nicht halten können, als wieder mehr Eisen zur Verfügung stand, da sie gegenüber Heizkörpern aus Gußeisen oder Stahl zu teuer wurden.

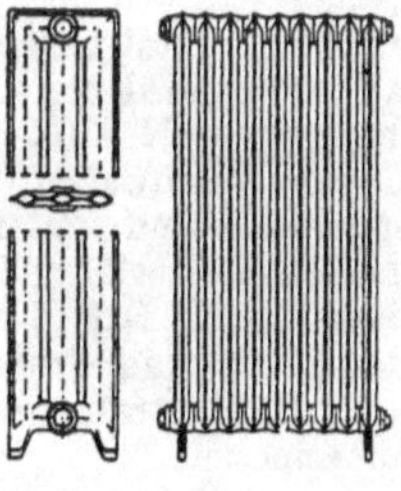

Abb. 73. Dreisäuliger gußeiserner Radiator

Abb. 74. Viersäuliger Stahlradiator

Neben den Radiatoren werden in besonderen Fällen auch andere Heizkörperformen benutzt. Hierzu gehören in erster Linie die aus glatten schmiedeeisernen Rohren hergestellten Rohrschlangen oder Rohrheizkörper. Als Beispiel für diese diene der in Abb. 75 dargestellte, vollständig durch Schweißung hergestellte Rohrheizkörper. In das vordere Querrohr ist bei *a* ein Boden eingeschweißt, so daß das Heizmittel in den oberen Rohren zum hinteren Querrohr und von da durch die unteren zurückströmen muß. Die Rohre müssen so verlegt sein, daß sie Wärmeausdehnungen folgen können, und sollen gleichzeitig ein geringes Gefälle besitzen, damit sich bei Warmwasser keine Luft ansammeln und bei Dampfheizung das Niederschlagswasser sicher entfernen kann.

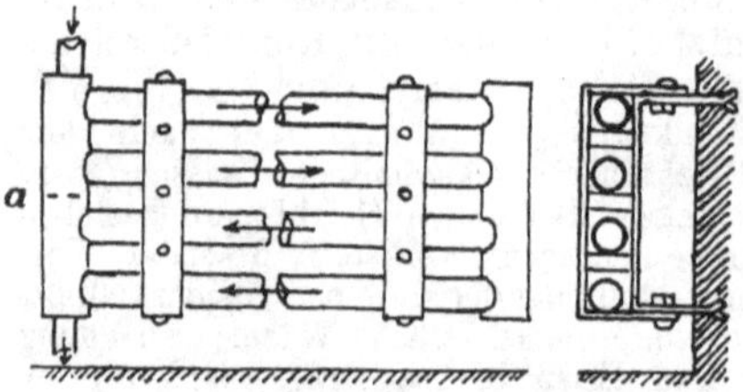

Abb. 75. Rohrheizkörper

In Fabriken, Trockenräumen u. dgl. werden häufig gegossene oder schmiedeeiserne Rippenrohre verwendet. Ein Rippenrohrheizkörper besteht aus einem Rohr, an das außen zur Vergrößerung der wirksamen Heizfläche Rippen angegossen oder angeschweißt sind.

Die Berechnung der Heizkörpergrößen erfolgt nach den „Regeln für die Berechnung der Gliederheizkörper und Rohrheizkörper von Heizungsanlagen", DIN 4703. Dieses Normblatt gilt für Heizkörper, die durch Warmwasser (Heizwasser) und Niederdruckdampf erwärmt werden und umfaßt:

1. gußeiserne Heizkörper in den Baumaßen nach DIN 4720,
2. stählerne Heizkörper in den Baumassen nach DIN 4722,
3. keramische Heizkörper, die nach den „Bau- und Prüfgrundsätzen für keramische Heizkörper für Zentralheizungen" geprüft wurden und ein Prüfzeugnis erhielten,

sowie:

4. waagerechte Einzelrohre mit den Durchmessern 1″, $1^1/_2$″ u. 2″,

5. mehrere waagerechte Rohre übereinander mit den Durchmessern wie vor.

Die Heizfläche eines Heizkörpers (Radiators) ergibt sich aus der Gleichung für die Wärmeabgabe der Heizkörper

$$Q = K \cdot F \cdot (t_m - t_r).$$

Darin ist:

Q die verlangte Wärmeleistung des Heizkörpers in kcal/h,
K die Wärmedurchgangszahl kcal/m² h°C,
F die Heizkörperoberfläche in m²,
t_m die mittlere Temperatur des Heizmittels °C,
t_r die Temperatur der Raumluft °C.

Ist die von 1 m² Heizfläche abgegebene Wärmeleistung q, so ist die für eine verlangte Wärmeleistung Q notwendige Heizfläche

$$F = \frac{Q}{q}$$

Die Wärmedurchgangszahl hängt von der äußeren Gestalt des Heizkörpers, d. h. von der Form und den Baumaßen noch von dem benutzten Heizmittel und dem Temperaturunterschied $t_m - t_r$ ab. In Zahlentafel 4 sind die Wärmedurchgangszahlen und die Wärmeabgabe nach DIN 4703 zusammengestellt für eine mittlere Heizwassertemperatur von $t_m = 80°$ C bzw. eine Niederdruckdampftemperatur $t_m = 100°$ C und eine Raumtemperatur t_r von 20° bzw. für andere Raumtemperaturen.

Das Normblatt enthält auch zwei Zahlentafeln für die Umrechnung der Wärmeabgabe für andere mittlere Heizwassertemperaturen.

Die Wärmeleistung von Rippenrohren hängt von den Abmessungen ihrer Bauelemente: Rohrdurchmesser, Abstand und Höhe der Rippen, sowie Form der Rippen ab. Da die Rippenrohre nicht genormt sind, werden zahlreiche verschiedene Bauformen geliefert. Ihre Wärmeleistung ist daher den Angaben der Herstellerwerke zu entnehmen.

Allgemein gilt, daß die Wärmeleistung bei Dampf als Heizmittel etwa 10 % höher ist als bei Warmwasser. Bei glatter Ausbildung der Rippen ist die Wärmeleistung etwa 3—5 % niedriger als bei gewellter. Werden zwei Rohre übereinander angeordnet, so ist die Gesamtwärmeabgabe etwa 10 %, bei drei Rohren etwa 20 % niedriger.

Einen Anhalt für die Bemessung von Rippenrohrheizkörpern geben die Angaben des Arbeitsblattes 9 „Wärmeleistung von Stahlrippenrohren" zu Heizung, Lüftung, Haustechnik 1951, Heft 3. Aus einem Schaubild kann die Wärmeleistung je m berippte Länge für die verschiedenen Abmessungen entnommen werden.

Zahlentafel 4

k-Werte und Wärmeabgabe für Heizkörper in den Baumaßen nach DIN 4703 (Auszug)

Art der Heizkörper	k in $\frac{\text{kcal}}{\text{m}^2\,\text{h}\,{}^\circ\text{C}}$ bei Heizwasser	k bei Niederdruckdampf	Wärmeabgabe q in kcal/m²h, Heizwasser von $t_m = 80°$ C, Raumtemperatur t_r = 20°	18°	15°	ND-Dampf von $t_m = 100°$ C, Raumtemperatur t_r = 20°	18°	15°
Bautiefe 100 mm								
300 mm Nabenabstand	8,0	9,1	480	500	530	730	750	750
500 mm Nabenabstand	7,7	8,8	460	480	510	700	730	760
600 mm Nabenabstand	7,6	8,7	460	480	510	700	720	750
1000 mm Nabenabstand	7,3	8,4	440	460	490	670	690	730
Bautiefe 150 mm								
300 mm Nabenabstand	7,7	8,6	460	480	510	690	710	750
500 mm Nabenabstand	7,3	8,2	440	460	490	660	680	710
600 mm Nabenabstand	7,2	8,1	430	450	480	650	670	700
1000 mm Nabenabstand	7,0	7,9	420	440	470	630	650	680
Bautiefe 200 mm								
300 mm Nabenabstand	7,4	8,3	440	470	490	660	690	720
500 mm Nabenabstand	7,1	8,0	430	450	470	640	660	690
600 mm Nabenabstand	7,0	7,9	420	440	490	630	650	680
1000 mm Nabenabstand	6,7	7,6	400	420	450	610	630	660
Bautiefe 250 mm								
300 mm Nabenabstand	7,1	8,0	430	450	470	640	660	690
500 mm Nabenabstand	6,8	7,7	410	430	450	620	640	670
600 mm Nabenabstand	6,7	7,6	400	420	450	610	630	660
1000 mm Nabenabstand	6,4	7,3	380	400	430	580	600	630
Rohrheizkörper (waagerechte Einzelrohre)								
Nennweite / Außendurchm. mm								
1″ / 33,5	11,8	12,8	710	740	790	1020	1050	1100
1½″ / 48,25	11,3	12,3	680	710	750	980	1010	1060
2″ / 60,0	11,0	12,0	660	690	730	960	990	1040
Rohrheizkörper (mehrere waager. Rohre übereinander)								
Nennweite / Außendurchm. mm								
1″ / 33,5	10,5	11,4	630	660	700	910	940	980
1½″ / 48,25	9,5	10,3	570	600	630	820	840	890
2″ / 60,0	8,8	9,6	530	560	590	770	790	830

Die angeführten Wärmedurchgangszahlen der Zahlentafel 4 gelten für freistehende, der Raumluft gut zugängige Aufstellung der Heizkörper. Die Wärmeabgabe kann aber durch verschiedene Einflüsse stark beeinträchtigt werden, und zwar zunächst durch den Anstrich.

Die Heizkörper werden mit einem Grundanstrich versehen, der sie vor dem Verrosten bewahren und für den weiteren Anstrich die Haftgrundlage bilden soll. Darüber kommt ein möglichst heller Lackfarbeanstrich, der eine glatte und abwaschbare Oberfläche ergeben soll. Die Wärmeabgabe wird durch diese Oberflächenbehandlung nicht beeinträchtigt, wohl aber durch einen Anstrich mit Aluminiumbronze, der durch Verminderung der Ausstrahlung die Leistung der Heizkörper um etwa 10 bis 20% vermindert.

Abb. 76. Heizkörper mit Holzmantel

Eine weitere wesentliche Beschränkung der Wärmeabgabe kann durch Ummantelung oder Verkleidung der Heizkörper entstehen, die früher häufig benutzt, heute erfreulicherweise immer weniger zur Anwendung kommt. Kann eine solche Umkleidung nicht vermieden werden, so ist durch genügend freie Öffnungen für freien Luftzutritt und unbehinderte Ausstrahlung Sorge zu tragen. Es kann nicht eindringlich genug vor der Vernachlässigung dieser Regeln gewarnt werden, da es leider auch heute noch vorkommt, daß Ummantelungen eingebaut werden, die die Wärmeleistung der Heizkörper stark herabsetzen oder sogar völlig ausschalten. Einige brauchbare Ummantelungen sind in Abb. 76 und 77 als Beispiele dargestellt.

Viel zu wenig ist auch bekannt, daß die Wärmeabgabe der unter Fenstern aufgestellten Heizkörper durch zu lange Vorhänge, die sowohl den freien Luftzutritt, als auch die Ausstrahlung verhindern, erheblich herabgesetzt werden kann. Es empfiehlt sich daher, die Vorhänge über den in Fensternischen aufgestellten Heizkörpern so auszuführen, wie auf Abb. 78 rechts dargestellt. Da bei dieser Aufhängung die Vorhänge nicht unmittelbar der Einwirkung des unvermeidbar mit der erwärmten Luft aufsteigenden Staubes ausgesetzt sind, tritt außer der Wärmeersparnis auch nicht so schnell Verschmutzung der Vorhänge ein.

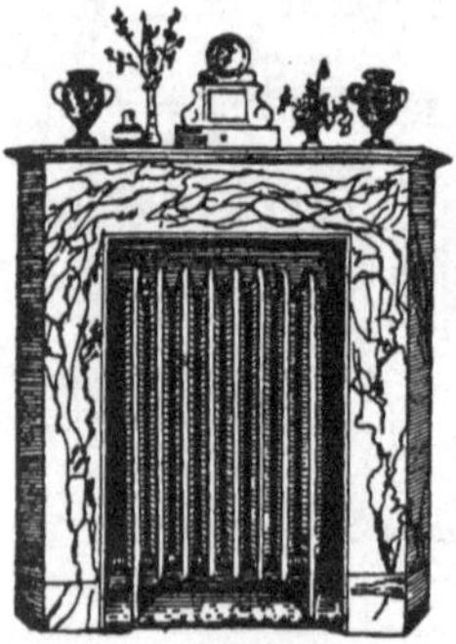

Abb. 77. Heizkörper mit kaminartiger Umrahmung

Aus dem gleichen Grunde ist es zweckmäßig, über jedem Heizkörper eine Leiste oder einen Wulst (Abb. 79) anzubringen, der die aufsteigende warme Luft von der Wand ablenkt, so daß die gefürchteten schwarzen Stellen oberhalb der Heizkörper vermieden werden. Dieses Bild zeigt auch die heute allgemein üblich gewordene Aufhängung der Heizkörper auf in die Wand eingelassenen Trägern (Konsolen), die an die Stelle der Aufstellung auf Füßen getreten ist. Der Raum unter dem Heizkörper bleibt dadurch frei und kann leicht gereinigt werden.

Nicht unwesentlich ist es, der Wandbeschaffenheit hinter den Heizkörpern Beachtung zu schenken. Neben der Forderung nach leichter Säuberung spielt hierbei die Vermeidung unnötiger Verluste durch Wärmeaufnahme der Wand eine Rolle. Helle, glatte Anstriche oder Kachelauskleidung sind zu empfehlen. Bei der Anbringung in Nischen sind diese möglichst so auszubilden, daß die Luft ungehindert an den Heizkörpern vorbeistreichen kann und daß sich keine toten Räume, die zu Stauungen und Staubablagerungen Anlaß geben können, bilden. Das letzte Bild zeigt den Heizkörper in einer einwandfreien, aus Kacheln hergestellten Nische.

Seit einigen Jahren haben, aus den USA kommend, auch bei uns in Deutschland die sog. Konvektoren größere Verbreitung gefunden. Es handelt sich dabei um eine Beheizungsform, die an sich in Verbindung mit einfachen Rippenrohrheizkörpern bekannt war, aber bisher wenig geschätzt wurde. Die heutigen Konvektoren bestehen aus einem niedrigen breiten Wärmeaustauscher von rechteckigem Querschnitt, der am unteren Ende eines oben und unten offenen Luftschachtes angeordnet ist. Die Wirkungsweise besteht darin, daß die Luft durch den Wärmeaustauscher erwärmt wird und im Luftschacht nach oben strömt. Dadurch wird von unten kalte Luft nachgesaugt, und es entsteht eine starke Luftbewegung, die eine Erwärmung des gesamten Raumes in verhältnismäßig kurzer Zeit bewirkt. Der Wärmeaustauscher besteht aus einigen Rohren, die mit einer großen Anzahl sehr eng stehender Lamellen versehen sind. Die Rohre sind seitlich in Kammern zusammengefaßt. Der Aufbau entspricht etwa dem in Abb. 27 wiedergegebenen Junkersschen Kalorifer.

Abb. 78. Unrichtige und richtige Aufhängung von Vorhängen

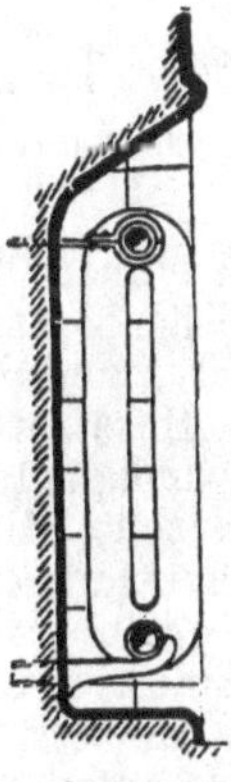

Abb. 79. Heizkörper in gekachelter Nische

Die Leistung des Konvektors ist von der Größe des Wärmeaustauschers *W* und der wirksamen Höhe *Hw*, d. h. dem Höhenunterschied zwischen Unterkante Wärmeaustauscher und Unterkante der oberen Ausströmöffnung des Luftschachtes *L* abhängig. Die Leistungen sind den Angaben der Hersteller zu entnehmen. Zum Beispiel gibt Kiefer bei einer wirksamen Schachthöhe von 60 cm je lfd. m bei Niederdruckdampf und 20° C Raumtemperatur rd. 3550 kcal/h, bei Warmwasser von 90° C Vorlauftemperatur etwa 2350 kcal/h.

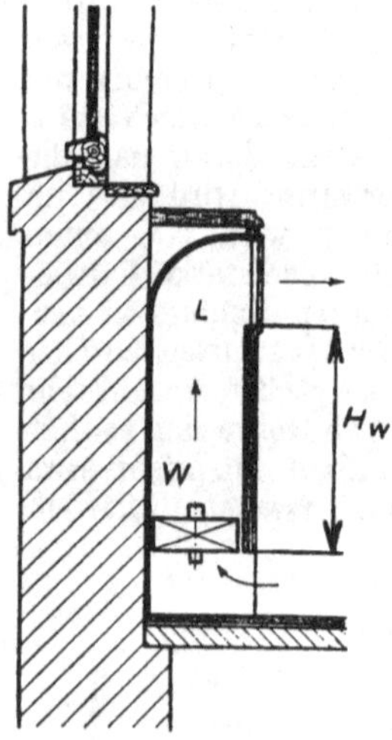

Abb. 80. Konvektorheizung (Kiefer)

Abb. 80 zeigt die Anordnung eines derartigen Konvektors unterhalb eines Fensters. Es ist auch möglich, die Konvektoren in Wänden zwischen zwei Räumen anzuordnen, wobei die Austrittsöffnungen des Luftschachtes wahlweise durch Klappen verschlossen werden können. Dadurch können die Räume nach Wunsch einzeln aufgeheizt werden. Der Konvektor wird dann so gewählt, daß er etwa 70% des gesamten rechnerischen Wärmebedarfes der beiden Räume aufzubringen hat. Die bei den Rippenrohrheizkörpern der üblichen Bauart leicht auftretende Staubansammlung auf den Rohren und Rippen wird infolge der durch die enge Stellung der Heizlamellen und die verhältnismäßig hohen Luftgeschwindigkeiten in dem Luftschacht praktisch vermieden. Jedoch sollte es selbstverständlich sein, daß die Vorderwand des Konvektors regelmäßig abgenommen und der Raum dahinter gut gesäubert wird.

Eine neuerdings häufiger verwendete Bauart der Heizkörper sind die sog. Platten- oder Leisten-Heizkörper, die gerne unter Fenstern mit niedriger Brüstungshöhe, sowie als Fußleisten verwendet werden. Der sog. Hagan-Plattenheizkörper (Abb. 81) besteht aus 3 mm starkem Stahlblech und wird in Längen bis zu 5,0 m geliefert.

Die Bauhöhen betragen 110 bis 240 mm, die Stärke 25 mm. Bei einer Bauhöhe von 200 mm ist die Heizfläche 0,41 m² je lfd. m. Die Wärmeabgabe ist bei Niederdruckdampf 960 kcal/m²h, bei Warmwasser mit 20° C Unterschied zwischen Vor- und Rücklauftemperatur rd. 660 kcal/m²h.

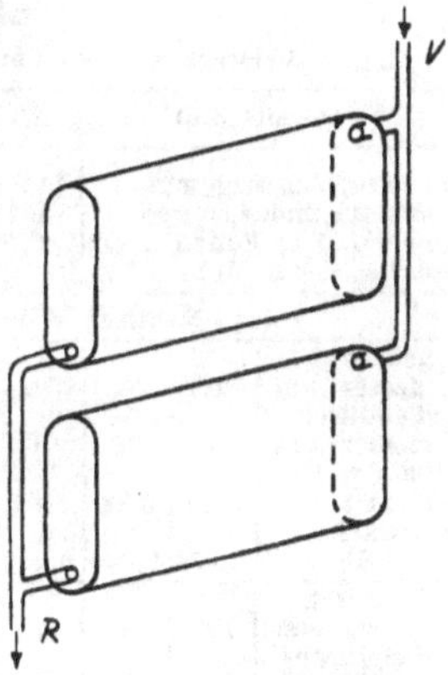

Abb. 81. Hagan-Plattenheizkörper (ERU Kettwig)

Abschnitt 18

Rohrleitungen

Die Rohrleitungen werden allgemein aus Stahlrohren (Flußstahl) hergestellt. Kupferrohre werden gern dort verwendet, wo die Rohre größeren Verrostungsgefahren ausgesetzt sind. Das ist bei den Niederschlagswasserleitungen der Dampfheizungen und bei den Leitungen der Warmwasserversorgungsanlagen der Fall.

Die Stahlrohre sind genormt. Für Rohrleitungen mit Gewindeverbindungen sind die verstärkten Gasgewinderohre nach DIN 2441 am zweckmäßigsten, da die normalen, sog. Gasrohre nach DIN 2440 für die Gewindeteile reichlich schwach sind. Trotzdem werden diese ihres billigen Preises wegen häufig benutzt. Für Leitungen größeren Querschnitts dienen die nahtlosen Siederohre nach DIN 2449. In der folgenden Zahlentafel sind einige Angaben über Durchmesser, Inhalt und Oberflächen der am meisten verwendeten Heizungsrohre zusammengestellt.

Die Erstellung von Rohrleitungen für Heizungsanlagen erfordert neben guter handwerklicher Geschicklichkeit ein reiches Maß von Kenntnissen und Erfahrungen. Aus den Ausführungen über die Berechnung von Rohrleitungen in Bd. I geht hervor, daß, besonders in Warmwasserheizungen,

Zahlentafel 5

Verstärkte Gewinderohre DIN 2441 (Heizungsrohre)

Nennweite Zoll	3/8	½	3/4	1	1¼	1½	2
Innendurchmesser mm .	11,25	14,75	19,75	25,5	34,25	39,75	51
Außendurchmesser mm .	16,75	21,75	26,75	33,5	42,25	48,25	60
Inhalt v. 1 m Rohr l . .	0,10	0,17	0,31	0,51	0,92	1,24	2,04
Oberfläche 1 m Rohr m² .	0,0526	0,0683	0,0840	0,105	0,133	0,151	0,188

Nahtlose Rohre DIN 2449 (Siederohre)

Innendurchmesser mm	51,5	64	70	82,5	94,5	100,5	113	119	125	131
Außendurchmesser mm	57	70	76	89	102	108	121	127	133	140
Inhalt v. 1 m Rohr l . . .	2,08	3,22	3,85	5,35	7,01	7,93	10,0	11,1	12,3	13,5
Oberfläche 1 m Rohr m²	0,179	0,220	0,239	0,279	0,320	0,339	0,380	0,399	0,417	0,440
Innendurchmesser mm	137	143	150	162	180	203	228	253	277	302
Außendurchmesser mm	146	152	159	171	191	216	241	267	292	318
Inhalt v. 1 m Rohr l . . .	14,7	16,1	17,7	20,6	25,4	32,4	40,8	50,3	60,3	71,6
Oberfläche 1 m Rohr m²	0,459	0,477	0,499	0,537	0,599	0,679	0,756	0,839	0,917	0,998

die den Umlauf des Heizmittels bewirkenden Kräfte sehr gering sind. Es muß also jede unnötige Beeinträchtigung durch Rohrleitungswiderstände möglichst vermieden werden. Das bedeutet, daß man vor allem darauf sehen muß, die Leitung innen möglichst glatt und mit allmählichen schlanken Übergängen und Abrundungen ohne scharfe Kanten und Ecken auszubilden. Auch muß dafür gesorgt werden, daß sich keine Luftsäcke in dem Leitungsnetz bilden können und daß die in den Rohren befindliche Luft leicht und völlig entweichen kann. Bei Niederdruckdampfheizungen ist zu beachten, daß Luft schwerer als Dampf ist, also eine Entlüftung nach oben große Widerstände hervorruft und häufig unwirksam ist.

Die Rohre müssen das richtige Gefälle haben und so geführt sein, daß bei Dampfheizungen niemals das Kondenswasser der Richtung des Dampfstromes entgegen geführt wird, da hierdurch sehr unangenehme und laute Geräusche — Poltern, Knacken — entstehen können. Naturgemäß muß auch der Dehnung der Rohrleitungen infolge der Erwärmung hinreichend Rechnung getragen werden, damit nicht infolge zu großer Spannungen Schädigungen in der Anlage und dem Gebäude auftreten.

Häufig wird diesen wichtigen Gesichtspunkten nicht die nötige Beachtung geschenkt, indem man die Rohre in der erheblich weniger anspruchsvollen Bauweise der Gas- oder Kaltwasserleitungen verlegt. Dann kann es vorkommen, daß ein auch mit äußerster Sorgfalt ausgerechnetes Heizrohrnetz schlecht oder gar nicht arbeitet.

Bei der Verarbeitung der verstärkten Gewinderohre werden die Rohrverbindungen mit Hilfe der bekannten eingeschraubten Verbindungsstücke (Fittings), die in einer Vielzahl verschiedener Formen erhältlich sind, hergestellt. Handelt es sich um die Verbindung zwei in gleicher Achsrichtung liegenden Rohre, von denen eines frei bewegt werden kann, so benutzt man die normale Muffenverbindung (Abb. 82).

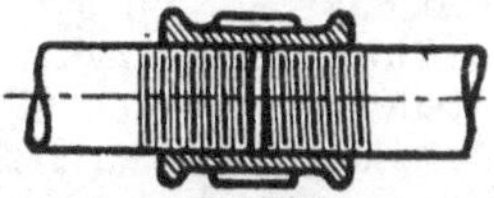

Abb. 82. Muffenverbindung

Das Gewinde wird auf die an Ort und Stelle zugeschnittenen Rohre aufgeschnitten. Die Stoßfugen werden genau rechtwinklig abgefeilt oder gefräst und unter Abdichten mit Werg, und Mennige oder Mangankitt die Verbindung hergestellt, die später, wenn sie einmal in die Leitung fest eingebaut ist, nicht mehr lösbar ist.

Wird Lösbarkeit verlangt oder sind beim Zusammenbau die Rohre in der Längsrichtung nicht mehr frei bewegbar, so benutzt man Langgewinde (Abb. 83). Auf das eine der beiden Rohrenden wird ein so langes Gewinde geschnitten, daß die Muffe mit einem dahinter anzubringenden Gegenring auf dieses Rohrende völlig aufgeschraubt werden kann. Beim Zusammensetzen der Verbindung wird dann die Muffe zur Hälfte auf das andere Rohr zurückgeschraubt und schließlich gegen ungewolltes Lösen durch festes Anziehen des Gegenringes gesichert. Soll leichtere Lösbarkeit ermöglicht werden, so werden Verschraubungen (Kappverschraubungen, Holländer) benutzt (Abb. 84). Beide Rohrenden erhalten zylin-

Abb. 83. Langgewindeverbindung

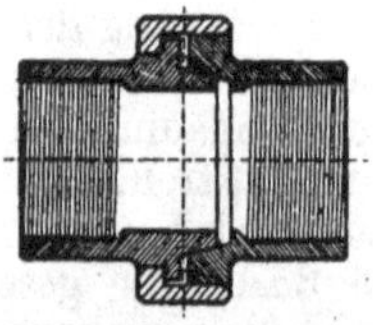

Abb. 84. Verschraubung

drisches Gewinde, auf dem die Hälften der Verschraubung befestigt werden. Die Abdichtung der Verschraubung erfolgt durch einen kegelförmigen Ansatz an der einen Hälfte, der in eine passende Ausdrehung der anderen Hälfte eingreift. Eine Überwurfmutter verbindet beide Hälften und sorgt für den nötigen Anzug des Kegels.

Zur Verbindung verschieden weiter Rohre werden Verjüngungsmuffen, die ebenfalls für die verschiedensten Gewindezusammenstellungen auf dem Markt sind, benutzt (Abb. 85).

Richtungsänderungen werden durch Bogenstücke hergestellt (Abb. 86 und 87). Man gibt dabei den schlankeren Bögen mit größerem Halbmesser den Vorzug, um unnötige Widerstandsverluste zu vermeiden. Allerdings müssen die Monteure auf den Baustellen auch in der Lage sein, beliebige Richtungsänderungen durch Biegen der Rohre herzustellen, ohne daß dadurch der Querschnitt (Einknicken) leidet.

Abzweigungen werden durch T- und Kreuzstücke hergestellt (Abb. 88 und 89). Bei diesen Verbindungen treten infolge der scharfen Kanten große Widerstände auf. Es empfiehlt sich deshalb, statt dessen neuzeitliche Stromlinienformstücke zu verwenden (Abb. 90), deren Widerstands-

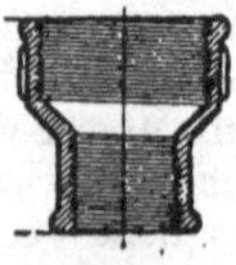

Abb. 85.
Verjüngungsmuffen

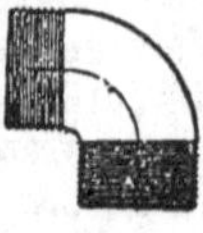

Abb. 86.
Kurzer Bogen

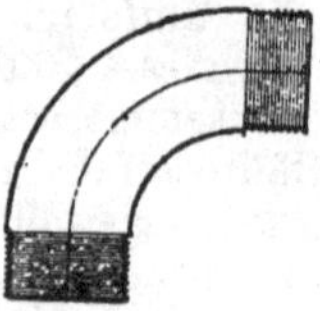

Abb. 87.
Schlanker Bogen

zahlen wesentlich niedriger sind. Alle derartigen Formstücke sind auch für den Anschluß verschiedener Rohrweiten für jede Art von Zusammenstellungen erhältlich (Abb. 91).

Wollte man früher Rohre größeren Durchmessers miteinander verbinden, so mußte man die Rohrenden mit Flanschen versehen, die man unter Zwischenlage einer Dichtung miteinander verschraubte. Seit Einführung des Schweißens der Rohrleitungen ist aber ihre Verwendung stark zurückgegangen. Heute werden Flanschen nur noch benutzt, wenn in größere Rohre besondere Formstücke und Absperrvorrichtungen eingeschaltet werden sollen. Abb. 92 zeigt die heute gebräuchlichste Ausführungsform der Flanschen bei der Verbindung eines Rohrleitungsstückes mit einer Absperrvorrichtung. Die Flanschenverbindungen sind in DIN 2575 und 2580 bis 2582 genormt.

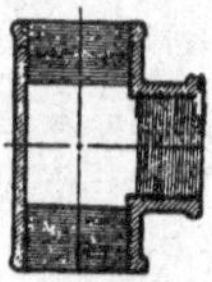

Abb. 88. T-Stück

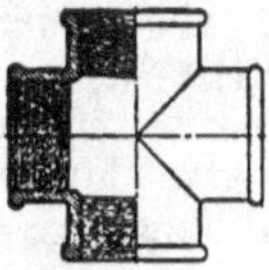

Abb. 89. Kreuzstück

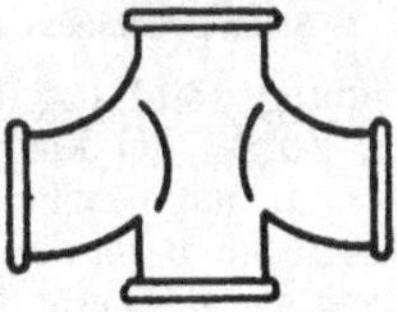

Abb. 90. Kreuzstück in Stromlinienform

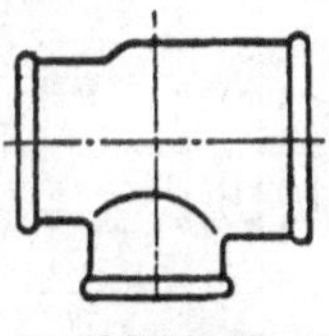

Abb. 91. T-Stück für verschiedene Rohrweiten

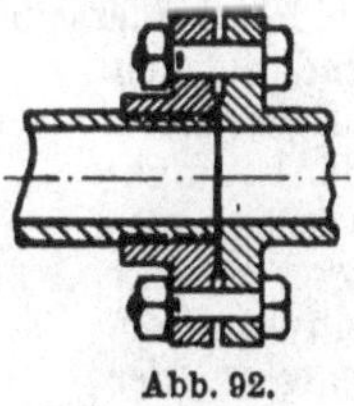

Abb. 92. Flanschverbindung

Der weitgehende Fortfall der Flanschverbindungen hat wesentliche Vereinfachungen mit sich gebracht, da bei den Schweißverbindungen eine Quelle von Undichtigkeiten fortgefallen, die Rohrleitung ansehnlicher und die Wärmeschutz-

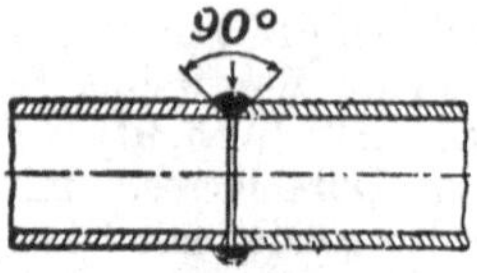

Abb. 93. Schweißverbindung

umhüllung einfacher und vollständiger geworden ist. Für die Herstellung von Richtungsveränderungen sind **Rohrbögen** für jede Rohrweite erhältlich.

Geschweißte Rohrleitungen sind aber nur dann, wenn die Schweißung sorgfältig hergestellt ist, verschraubten vorzuziehen. Zumal bei kleinen Rohrweiten bis etwa $1^1/_2$″ l. W. sollte man nicht von der Verwendung von Verbindungsstücken abgehen, da das einmal billiger ist als die Schweißung und trotz sorgfältigster Arbeit nicht immer vermieden werden kann, daß Teile des Schweißgutes in das Rohrinnere gelangen und den Querschnitt verkleinern. Naturgemäß hat dies bei kleinen Rohrweiten größeren schädigenden Einfluß als bei weiteren.

Die einfachste Schweißung im Rohrleitungsbau, das **Verbinden zweier Rohrenden**, zeigt Abb. 93. Sind die Rohre starkwandig, etwa über 4 bis 5 mm, so wird man die Rundnaht V-förmig über den hierzu abgefrästen Rohrenden (obere Bildhälfte) ausführen. Schwächere Rohre werden stumpf gegeneinander gesetzt und durch eine Wulstnaht verbunden (untere Bildhälfte).

Eine sehr hochwertige Schweißverbindung für Rohre verwendet einen beiderseits konischen Zentrierring mit einem Mittelbund, auf den die aufgeweiteten Rohrenden aufgesteckt werden. Der Stahlring bewirkt eine einwandfreie Zentrierung der Rohre sowie eine zuverlässige Schweißung ohne Verengung des freien Querschnitts (Abb. 94). Eine derartige Ver-

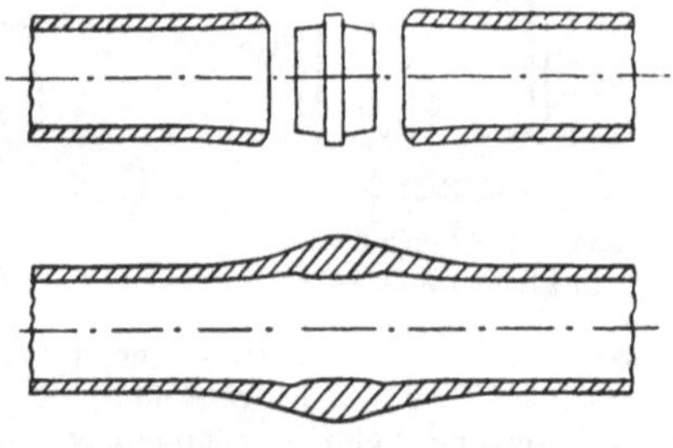

Abb. 94. Rohrschweißung mit Zentrierring (Sulzer, Winterthur)

bindung empfiehlt sich vor allem für Strahlungsheizungen, bei denen es auf eine einwandfreie Schweißung besonders ankommt, da Fehler nach Beendigung der Bauarbeiten nicht mehr behoben werden können.

Sollen Abzweigungen hergestellt werden, so schneidet man zunächst mit dem Schweißbrenner ein Loch in das Rohr und paßt das Abzweigstück an, das dann durch eine Schweißnaht mit dem Rohre verbunden wird (Abb. 95 und 96).

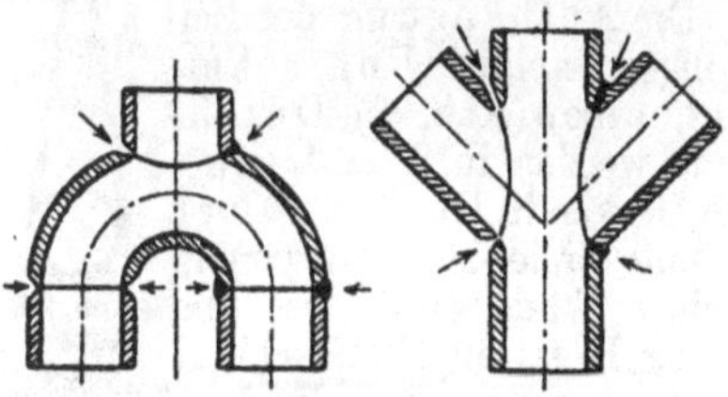

Abb. 95 und 96. Herstellung von Abzweigungen durch Schweißung

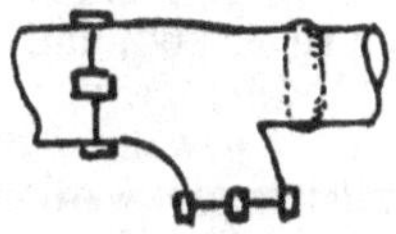

Abb. 97. Sius-Fitting (Berg. Stahlindustrie)

Da es sehr leicht vorkommen kann, daß derartige Abzweigungen durch ungenaues Zusammenpassen und Eindringen von Schweißgut in das Rohrinnere den Anforderungen nach möglichst glatter Innenwandung nicht entsprechen, sind vor einigen Jahren besondere Formstücke für geschweißte Rohrleitungen entstanden. Diese sog. „Sius-Fittings" (Abb. 97) haben kleine Zapfen, die dafür sorgen, daß die stets gerade abgeschnittenen Rohrenden nicht ausmittig übereinandergesetzt werden können. Die Zapfen dieser aus besonderem Temperguß hergestellten Fittings verschwinden in der Schweißnaht, wie die Abbildung auf der rechten Seite zeigt.

Bei der Anlage der Heizungsrohrleitungen muß die infolge der Erwärmung eintretende Längenausdehnung berücksichtigt werden. Ein eisernes Rohr von 1 m Länge dehnt sich bei einer Temperatursteigerung von 0 auf 100° um 1,17 mm aus. Demnach können bei Steigrohren von 15 m Länge, wie sie häufig in Heizungen vorkommen, Längenausdehnungen bis zu 17,5 mm eintreten, die irgendwo durch nachgiebige Teile aufgenommen werden müssen, wenn nicht Verwerfungen

u. dgl. eintreten sollen. Besondere Ausdehnungsstücke sind bei Wohnhausheizungen meistens nicht erforderlich, da die auftretenden Bewegungen durch die überall vorkommenden Richtungsänderungen der Rohrstrecken aufgenommen werden, wenn die Rohrleitungen so in den Befestigungen verlegt werden, daß sie etwas „Luft“ haben.

Abb. 98. Rohrschelle

Abb. 99. Hängeeisen

Die *Aufhängung* der Leitungen erfolgt in *Rohrschellen* (Abb. 98) oder in *Hängeeisen* (Abb. 99). *Durchführungen* durch Wände werden in *Wandrosetten* (Abb. 100) und durch Decken in *Deckenhülsen* (Abb. 101) geführt, die eine freie Bewegungsmöglichkeit gewährleisten. Die senkrechten Steige- und Falleitungen werden in der Regel in Mauerschlitze gelegt, die später zugeputzt werden, deshalb auch an dieser Stelle auf die Wichtigkeit der „organischen“ Heizungsplanung, d. h. der frühzeitigen Heranziehung des Heizungsfachmannes hingewiesen werden, weil sonst beim Einbau der Heizung umfangreiche Mauerarbeiten erforderlich werden.

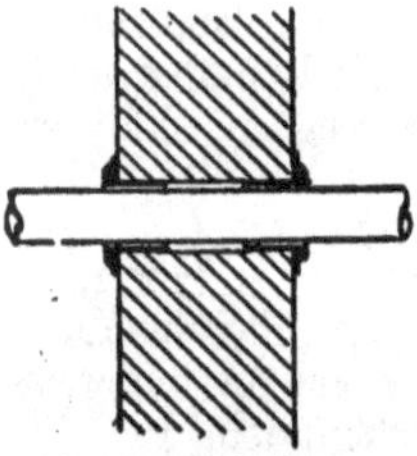

Abb. 100. Wandrosette

Abb. 101. Deckenhülse

Leitungen in Räumen, die nicht beheizt werden sollen (Keller, Vorratsräume u. dgl.) und solche, die der Gefahr des Einfrierens ausgesetzt sind (Dachböden), müssen mit hinreichendem *Wärmeschutz* versehen werden.

Bei der Anlage ist besonders darauf zu achten, daß die Rohrleitungen in *richtigem Gefälle* verlegt werden. Bei Warmwasserheizungen muß die vor dem Füllen in der Anlage vorhandene oder beim Nachspeisen frischen Wassers mit eintretender Luft ungehindert nach dem Ausdehnungsgefäß entweichen können. Es dürfen also keine Stellen vorhanden sein, in denen sich Luft sammelt, ohne abströmen zu können, da sonst Betriebsstörungen entstehen. Ist ein solcher „Luftsack“ nicht zu umgehen, so muß ein Entlüftungsrohr oder Ventil angebracht werden, wie in Abb. 102 gestrichelt dargestellt.

Einen häufig zu findenden Fehler beim Anschluß der Heizkörper zeigt Abb. 103. Hier bildet sich ebenfalls ein Luftsack, der die ganze Wirkung des Heizkörpers in Frage stellen kann. Aber auch sonst können sich in hochgelegenen oder weit vom Kessel entfernten Heizkörpern leicht Luftmengen ansammeln,

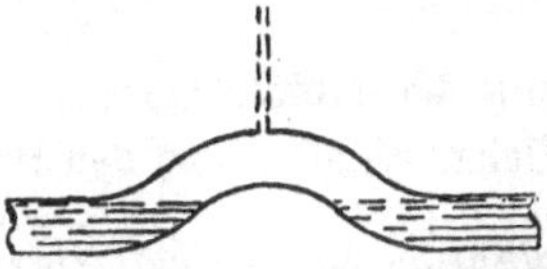

Abb. 102. Luftsack in einer Rohrleitung

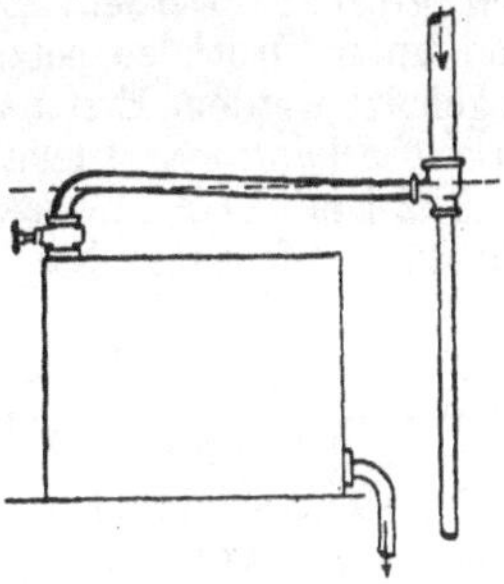

Abb. 103. Luftsack an einem Warmwasserheizkörper

so daß man diese gegebenenfalls mit einem *Entlüftungsventil* versehen muß.

Bei den Leitungen der Niederdruckdampfheizungen muß dafür gesorgt werden, daß das entstehende *Kondenswasser* nicht entgegen der Dampfrichtung strömt, da sonst erhebliche Störungen eintreten können. In den Steigeleitungen läßt sich die gegenläufige Strömung nicht umgehen. Um aber zu verhindern, daß das Kondenswasser aus diesen in die waagerechten Verteilungsleitungen im Keller eintritt, wird am unteren Ende der Leitung eine Wasserschleife (Abb. 104) angebracht, deren Länge sich nach dem Arbeitsdruck der Anlage richtet. Sie muß länger sein, als der Wassersäule dieses Drucks entspricht.

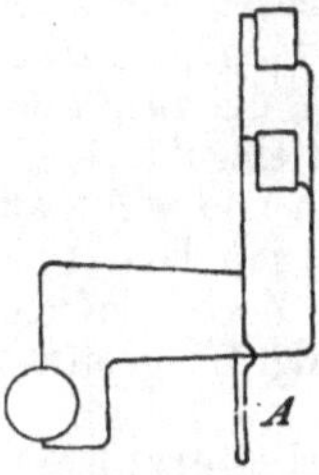

Abb. 104. Wasserschleife bei ND-Heizungen

Auf die Bedeutung einer ordnungsgemäßen Anlage der Entlüftungsleitung soll hier noch einmal hingewiesen werden, weil von dieser und von der guten Kondenswasserableitung die Wirtschaftlichkeit der Heizung maßgebend beeinflußt wird.

Ist eine Heizung in ihrer Gesamtanlage fertiggestellt, so muß sie, so lange die Rohre noch zugängig sind, auf Dichtigkeit geprüft werden. Es genügt nicht, die Anlage zu füllen und unter Druck zu setzen, sondern sie muß mehrere Male angeheizt werden. Erst nach wiederholtem Warmwerden und Erkalten kann man sicher beurteilen, ob die Anlage dicht ist, und darf mit dem Anstreichen der Rohrleitung und dem Verputzen der Mauerschlitze beginnen.

Abschnitt 19

Anschluß und Regelung der Heizkörper

Bei der Auswahl der bei den Heizungsanlagen an den Heizkesseln, Hauptverteilungsleitungen u. dgl. benötigten Absperrungen gibt man den Ausführungsformen den Vorzug, die dem Durchfluß des Heizmittels den geringsten Widerstand entgegensetzen. Der Absperrschieber entspricht dieser Anforderung in weitestem Umfang, da er bei voller Öffnung den Rohrquerschnitt vollständig frei gibt. Er wird bei kleineren Rohrleitungen mit Gewindeanschluß (Abb. 105), bei größeren mit Flanschen ausgeführt.

Eine größere Sicherheit für dauerhaften dichten Abschluß geben die Ventile mit Niederschraubspindeln, und zwar haben sich die Schrägsitzventile (Abb. 106), die auch sehr günstige Durchflußwerte ergeben, immer mehr eingeführt.

Kommt es weniger auf dichten Abschluß an und will man die Durchflußmengen verringern, so benutzt man Drosselklappen (Abb. 107), die vor allem auch den Vorteil haben, daß sie durch eine Vierteldrehung des Handgriffs geöffnet oder geschlossen werden können.

Bei großen Anlagen werden Gruppenabsperrungen eingebaut, um Teile der Heizung außer Betrieb nehmen zu können; bei Warmwasserheizungen auch, weil man bei Aus-

Abb. 105.
Absperrschieber

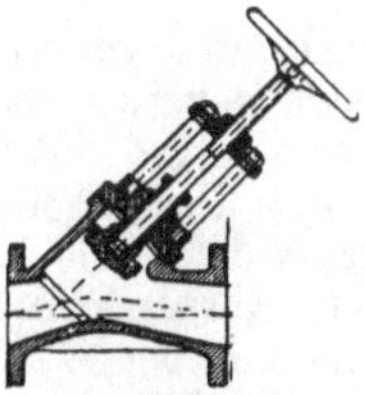

Abb. 106.
Schrägsitzventil

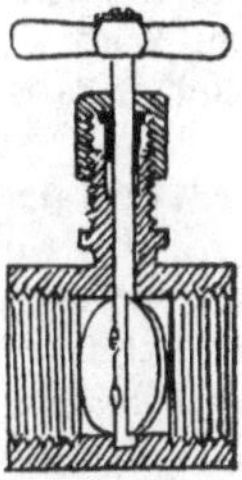

Abb. 107.
Drosselklappe

besserungen nicht jedesmal die ganze Anlage entleeren will. In großen Anlagen für mehrstöckige Gebäude werden die Steig- und Fallstränge durch dichtschließende Ventile, die mit Entleerungshähnen verbunden sind, absperrbar gemacht (Strangabsperrventile).

Die Heizkörperabsperrungen müssen einer Reihe von Anforderungen genügen. Zunächst muß durch eine halbe Umdrehung des Handgriffes die volle Öffnung abgesperrt werden können. In den Zwischenlagen erfolgt die Regelung durch Veränderung der Durchflußquerschnitte. Außerdem aber müssen diese Absperrungen eine sog. „Voreinstellung“ besitzen, damit man die größte Durchflußmenge der Leistung des Heizkörpers anpassen kann. Dadurch wird bei Schwerkraftheizungen der gleichmäßige Umlauf in der ganzen Anlage gesichert, so daß alle Heizkörper gleiche Erwärmung erfahren.

Noch wichtiger ist die Voreinstellung bei den Pumpenheizungen, da bei diesen infolge der aus Zweckmäßigkeitsgründen nicht unterschrittenen kleinsten Rohrweite von $^1/_2$″ oftmals große überschüssige Arbeitsdrücke auftreten können, die vernichtet werden müssen, um ein gleichmäßiges Arbeiten der Anlage zu gewährleisten.

Bei der Niederdruckdampfheizung hat die Voreinstellung dafür zu sorgen, daß den Heizkörpern nicht mehr Dampf zuströmt, als sie höchstenfalls verbrauchen, d. h. niederschlagen können. Hier findet man oftmals Unzulänglichkeiten, die den Wert der Anlagen, vor allem die Wirtschaftlichkeit erheblich herabsetzen.

Mit Erfolg ist man bemüht gewesen, den Durchflußwiderstand der Absperrungen zu verringern (Zahlentafel 11, Bd. I, S. 76), wobei aber häufig die Regelfähigkeit durch die Voreinstellung gelitten hat. Die angeführte Tafel zeigt, daß Absperrhähne geringere Widerstände haben als Ventile.

Abb. 108 zeigt einen Absperrhahn mit Voreinstellung. In dem eigentlichen Hahnkörper *H*, der aus einem Hohlzylinder besteht, ist ein Voreinstellungsstück *V* angeordnet, das durch Niederschrauben der Spindel *S* gesenkt werden kann, so daß damit der Durchgangsquerschnitt verringert wird. — Die Abbildung zeigt gestrichelt die Verringerung des freien Querschnittes auf ein Drittel. — Beim Drehen des Handgriffes nimmt der Voreinstellkörper den Hahnkörper mit und verschließt so die Leitung.

Am häufigsten wird bei den Warmwasserheizungen zur Absperrung der Heizkörper das sog. Doppeleinstellventil verwendet (Abb. 109). Bei diesem ist die Ventilspindel mit dem Ventilkegel, die das Ventil mit etwa einer halben bis dreiviertel Umdrehung öffnet, nicht unmittelbar in dem Ventilgehäuse, sondern in einem Zwischenstück *b* gelagert. Dieses trägt bei *a* einen hohlzylindrischen Ansatz mit seitlichem Ausschnitt, der nach Lösung der Überwurfmutter *c* drehbar ist. Bei freiem Durchfluß liegt der Ausschnitt so vor dem Ausfluß, daß dessen ganzer Querschnitt freigegeben ist. Soll die Durchflußmenge vermindert werden, so wird durch Verdrehen des Zwischenstückes *b* der Ausschnitt so weit gegenüber der Ausflußöffnung verschoben, bis die gewünschte Verringerung des freien Querschnitts erreicht ist. Allerdings verbleibt zwischen dem Ventilkörper und dem Zwischenstück ein Spalt, durch den das Heizmittel ebenfalls strömt. Bei niedergeschlagenem, also bei gedrosseltem Ventil macht sich naturgemäß die Wirkung dieses Spaltes stärker bemerkbar als bei voll geöffnetem Ventil. Das führt dazu, daß die Durchflußleistung des Ventils nicht genau verhältnisgleich der Spindeldrehung verläuft. Bei gewöhnlichen Schwerkraftheizungen ist diese Ungleich-

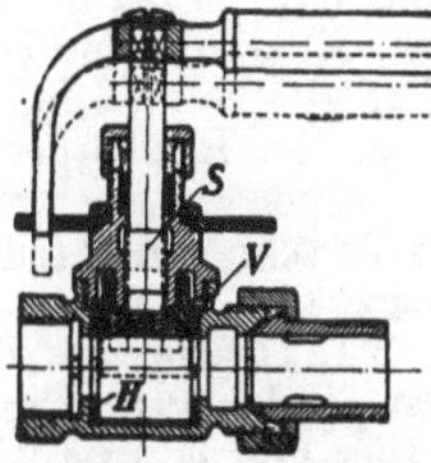

Abb. 108. Heizkörperabsperrhahn mit Voreinstellung

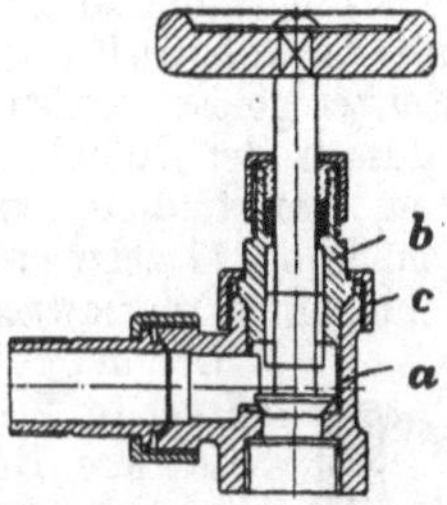

Abb. 109. Doppeleinstellventil

förmigkeit von geringer Bedeutung, bei Pumpen- und auch bei Niederdruckdampfheizungen muß aber eine bessere Abhängigkeit des Durchflusses vom Ventilhub verlangt werden.

Hier ist durch das Einheitsventil (Abb. 110) eine bedeutende Verbesserung erzielt worden. An der mit dem Handrad verbundenen Spindel *a* ist der als Hohlkörper ausgebildete Ventilkegel *b* befestigt. In der Bohrung des Ventilkegels kann ein schwach kegelig ausgeführter Zapfen durch Drehen der Schraube *c* auf- und niederbewegt werden, ohne daß hierzu das Handrad oder die Stopfbüchse des Ventils gelöst zu werden braucht. Je nach der Stellung des Zapfens wird der Durchflußquerschnitt mehr oder weniger freigegeben. Das Ventil regelt den Durchfluß gleichmäßig von 5 v. H. bis zur vollen Öffnung. Der Einzelwiderstand (Bd. I, S. 76) ist für alle Ventilgrößen dieser Bauart mit $\zeta = 1{,}94$ ermittelt. Ein besonderer, mit Marken am Schaft gezeichneter Schraubenzieher gestattet bei der Einstellung genau abzulesen, wie weit der Durchfluß freigegeben ist.

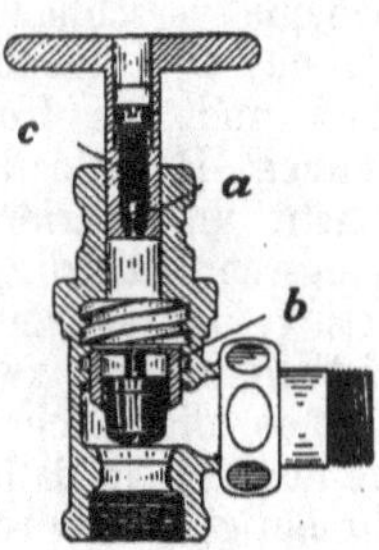

Abb. 110. Einheitsventil (Pruß)

Ventile, die nicht von jedermann benutzt werden sollen, werden mit Hauben versehen und durch Steckschlüssel betätigt.

Wie aus den Abbildungen zu erkennen ist, werden die Ventile mit **Verschraubungen** versehen, die durch eine Überwurfmutter gelöst werden können. Das gleiche muß bei den Anschlüssen der Rücklaufleitungen an die Heizkörper geschehen, damit diese, wenn nötig, abgenommen werden können. Abb. 111 zeigt eine derartige Verschraubung für den Anschluß eines Warmwasserheizkörpers.

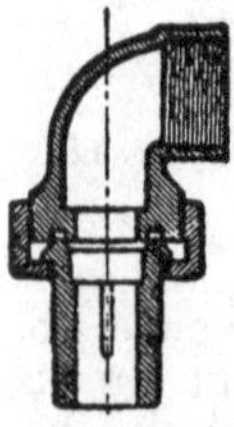

Abb. 111. Radiatorverschraubung

Der **Anschluß des Rücklaufs** der Heizkörper in Niederdruckdampfheizungen erfordert besondere Beachtung. Hier gibt es zwei Wege. Der erste, ebenso wie bei der Warmwasserheizung, ein einfaches freies Ablaufrohr zu verwenden, ist nur dann möglich, wenn durch richtige Rohrleitungsbemessung und genaue Voreinstellung (siehe oben) dafür gesorgt wird, daß der Heizkörper nur so viel Dampf erhält, wie darin niedergeschlagen werden kann. Dieser Weg, der sowohl eine zufriedenstellende Regelfähigkeit als einen wirtschaftlichen Betrieb ermöglicht, wird leider weniger beschritten als der, am Ausfluß des Heizkörpers eine Einrichtung anzubringen, die den Eintritt von Dampf in die Kondensleitung verhindert.

Derartige Vorrichtungen nennt man **Stauer**. Abb. 112 zeigt einen solchen Stauer einfachster Bauart. Eine drehbare Scheibe verschließt den ganzen Querschnitt bis auf zwei kleine Löcher, durch die die Luft und das Kondenswasser ausströmen können. Die Möglichkeit, daß Dampf entweicht und verlorengeht, ist nicht ausgeschlossen; allerdings sind die Mengen so gering, daß sie außer acht gelassen werden können. Durch zwei in der Wandung angebrachte Stifte können die Löcher beim Umlegen der Scheibe gereinigt werden. Schon dadurch, daß man eine derartige Einrichtung für nötig hält, wird ihre Schwäche bewiesen.

Abb. 112. Stauer (Bruckenhaus & Lorenz)

Außer dieser und einer Reihe anderer verschiedener Ausführungsformen werden zur Ableitung des Kondenswassers und der Luft auch einfache **Kondenswasserableiter** verwendet. In dem viel benutzten Ableiter nach Abb. 113 befindet sich ein mit einer geeigneten Flüssigkeit gefüllter Ausdehnungskörper aus gewelltem Kupferrohr, der so bemessen ist, daß er sich bei Berührung mit Dampf ausdehnt und seine Spitze die Öffnung *B* verschließt.

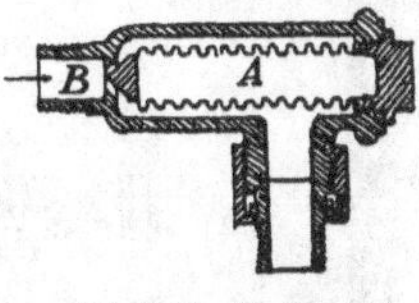

Abb. 113. Kondenswasserableiter

Bei Anwendung der Luftumwälzung werden (Bd. I, S. 99) für den Anschluß der Rohre und des Düsenrohres Formstücke nach Abb. 114 benutzt. *S* ist eine in die Einstellzwecken dienende Öffnung eingeschraubter Stopfen.

Während die in Abschn. 16 beschriebenen Verbrennungsregler die Gesamtleistung einer Heizungsanlage regeln, haben die sog. Raumtemperaturregler die Aufgabe, die Wärmeabgabe der einzelnen Heizkörper durch Änderung des Heizmittelzuflusses dem Wärmebedarf der Räume anzupassen. Abgesehen von solchen Fällen, in denen die genaue Einhaltung einer bestimmten Raumtemperatur unbedingt erforderlich ist, können durch Vermeidung von Übertemperaturen in den Räumen Brennstoffersparnisse erzielt werden. Dabei ist aber zu berücksichtigen, daß die Anlagen in der Anschaffung nicht billig sind und ihre Instandhaltung große Aufmerksamkeit erfordert.

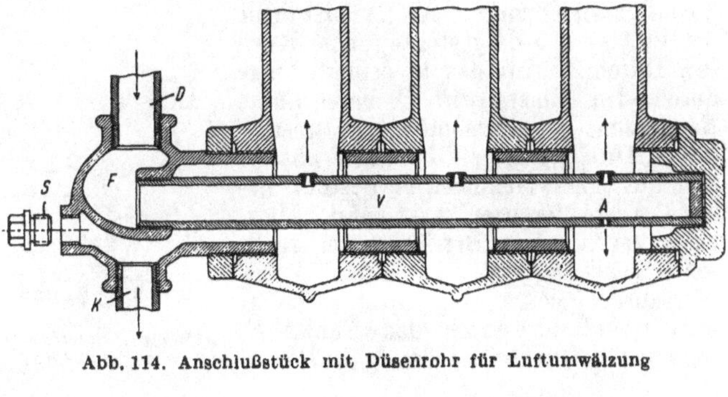

Abb. 114. Anschlußstück mit Düsenrohr für Luftumwälzung

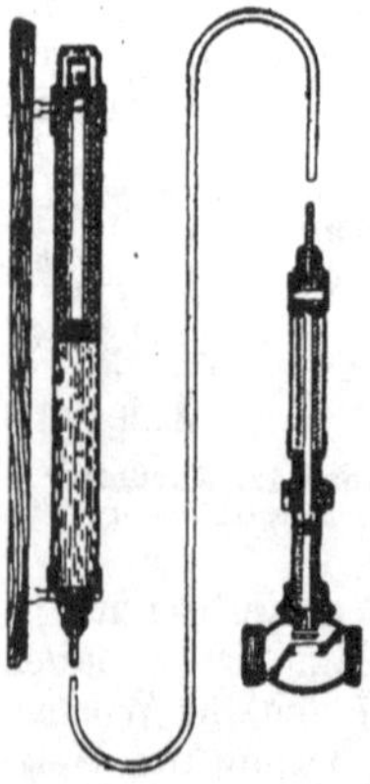

Abb. 115. Raumheizkörper-Regler (Samson)

Man muß unterscheiden zwischen selbsttätig arbeitenden Reglern und solchen, die durch ein besonderes Betriebsmittel — Preßluft, Elektrizität, Wasser, Öl — betätigt werden. Abb. 115 zeigt einen Raumregler der ersteren Art. Ein geschlossener, mit Flüssigkeit gefüllter Rohrkörper ist an einer Stelle aufgehängt, die nicht unmittelbar der Einwirkung des Heizkörpers ausgesetzt ist, und in geeigneter Weise durch ein dünnes Rohr mit dem Zuflußventil des Heizkörpers verbunden. Bei steigender Raumtemperatur dehnt sich die Flüssigkeit aus und wirkt schließlich auf das Ventil. Die Voreinstellung auf eine bestimmte Raumtemperatur erfolgt mittels eines Kolbens, der durch eine Schraubspindel verstellt werden kann.

Die Regler der zweiten Art bewirken die Regelung zumeist durch die Änderung des Druckes eines strömenden Betriebsmittels unter dem Einfluß der durch die Temperatur eintretenden Längenveränderungen irgendwelcher „Fühler", die über eine federbelastete Membran auf das Zuflußventil einwirken. Als Beispiel diene der in Abb. 116 dargestellte Arca-Regler. Durch *Z* wird das in seiner Menge durch den Einstellstift *D* beschränkte Betriebsmittel — Preßluft, Öl, Wasser — in die Druckkammer *Dk*, deren unterer Teil aus einer Membran *M* besteht, geleitet. Diese Membran wirkt auf das Heizkörperventil. Das Betriebsmittel fließt weiter nach *O* und wird durch *A* ab- oder zurückgeleitet. Die Öffnung bei *O* wird beeinflußt durch den Fühler *F*. Dehnt sich dieser bei Erhöhung der Raum-

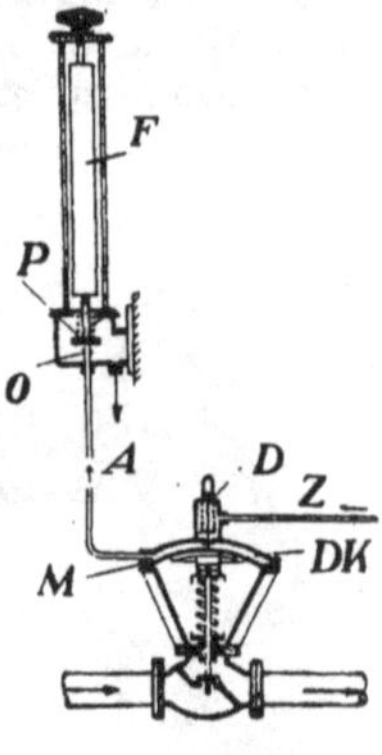

Abb. 116. Raumtemperaturregler (Arca)

temperatur aus, so wird der Austritt bei O gedrosselt und in der Druckkammer steigt der Druck, so daß das Ventil sich mehr schließt. Durch einen Handgriff am Fühler kann der Regler auf jede Raumtemperatur eingestellt werden.

Andere derartige Regler verwenden hierzu, unter Zwischenschaltung elektrischer Übertragungselemente, die durch die Temperatur erzeugte Änderung der Thermokraft elektrischer Thermoelemente. Sinngemäß arbeiten sie in gleicher Weise wie der vorher beschriebene Regler.

Abschnitt 20

Ausführung der Strahlungsheizung

Strahlungsheizungen werden zumeist als Decken-Strahlungsheizungen ausgeführt, d. h., die strahlenden Flächen werden an die Decke des zu beheizenden Raumes verlegt. Man spricht daher häufig von ihnen als „Deckenheizungen", obwohl auch Anlagen erstellt werden, bei denen die strahlenden Flächen an die Wände oder den Fußboden gelegt werden. Die Ausführung von Strahlungsheizungen erfordert nicht nur beim Entwurf, sondern auch bei der Ausführung besondere Fachkenntnisse und sorgfältige Arbeit, sowie eine gute und enge Zusammenarbeit zwischen Heizungsfirma, Architekt und Baufirma, da sonst Mißerfolge unausbleiblich sind. Einmal gemachte Fehler lassen sich meistens nicht oder nur unter sehr erheblichen Kosten (z. B. Aufreißen von Decken!) wieder beseitigen. Es muß jedem Bauherren, der die Absicht hat, seinen Bau mit einer Strahlungsheizung ausstatten zu lassen, dringend geraten werden, mit der Ausführung der Anlage nur eine Heizungsfirma zu betrauen, bei der die erforderlichen Sonderkenntnisse und Erfahrungen auf diesem Sondergebiet des Zentralheizungsbaues vorausgesetzt werden können.

Eine eingehende Darstellung der Strahlungsheizung würde den hier zur Verfügung stehenden Raum weit überschreiten. Es können daher nur einige Grundzüge aufgezeichnet werden. Im übrigen wird auf das Fachschrifttum verwiesen.

In den meisten Fällen wird als Heizmittel bei Strahlungsheizungen warmes Wasser verwendet, das in einem Heizkessel üblicher Bauart (vgl. Abschn. 11) erwärmt wird. Die Größenwahl der Heizkessel erfolgt nach den gleichen Grundsätzen, wie bei anderen Heizungsanlagen (vgl. Abschn. 12). Dampf ist bei Strahlungsheizungen üblicher Bauart, d. h. mit im Beton der Decke verlegten Heizrohren, ungeeignet, da infolge der raschen Erwärmung und Abkühlung in den Heizröhren Wärmespannungen auftreten, die zu Rissen in den Decken und zum Undichtwerden der Anlage führen. Wenn eine Strahlungsheizung an eine Dampfheizung angeschlossen werden soll, ist es richtiger, einen Wärmeaustauscher vorzusehen (vgl. Abb. 147, Abschn. 25), in denen der Dampf seine Wärme an einen geschlossenen Heizwasserumlauf der Strahlungsheizungsanlage abgibt.

Dampf ist auch deshalb ungeeignet, weil die Temperaturen der strahlenden Flächen zu hoch werden. Längere Erfahrungen bei bestehenden Strahlungsheizungsanlagen haben erwiesen, daß die Deckentemperaturen im allgemeinen 40—45° C nicht übersteigen sollen. Die Vorlauftemperaturen des Heizmittels dürfen daher auch nur wenig höher liegen. Selbst bei großer Kälte haben sich bei sachgemäß ausgeführten Anlagen Vorlauftemperaturen zwischen 50 bis höchstens 60° C als ausreichend erwiesen. Selbst bei diesen Temperaturen klagen mitunter die Rauminsassen, vor allem dann, wenn sie eine ruhige und sitzende Arbeit verrichten, schon über eine Belästigung durch die von der Decke abstrahlende Wärme.

Auf diese physiologischen Bedingungen muß bei der Ausführung Rücksicht genommen werden. Die Einhaltung nicht zu hoher Vorlauftemperaturen bedingt naturgemäß die Einbringung größerer Heizflächen, durch Verwendung von Rohren größeren Durchmessers bzw. die Verlegung von längeren Heizregistern in den Decken, d. h. größerem Werkstoffaufwand, als bei der Wahl höherer Vorlauftemperaturen erforderlich sein würde. Hinzu kommt, daß zur Vermeidung unzulässiger Wärmespannungen innerhalb der Decken der Unterschied zwischen Vor- und Rücklauftemperatur nicht höher als 10° C sein darf, während man bei Heizungen mit

Heizkörpern üblicherweise mit einem Unterschied von 20° rechnet. Auch dadurch wird eine Vergrößerung der eingebrachten Heizflächen bedingt, wenn der Wärmebedarf des Raumes gedeckt werden soll.

Bei Anordnung der Strahlungsflächen in den Wänden können dagegen ohne Bedenken die Vorlauftemperaturen um 20 bis 30° C höher gewählt werden, da strahlende Wärme von der Seite nicht so unangenehm empfunden wird wie von oben. Auch können die Temperaturen um so höher gewählt werden, je größer die Raumhöhe des beheizten Raumes ist. Räume mit einer Höhe von weniger als 3 m sind nach vorliegenden Erfahrungen für Deckenheizung nicht geeignet.

Aus diesen Gründen ist bei der Beheizung von Fabrikhallen usw. auch die Verwendung von Dampf als Heizmittel möglich.

Neben den mit Warmwasser betriebenen Strahlungsheizungen sind auch Bauarten, die mit warmer Luft als Wärmeträger arbeiten, entwickelt worden. Die in einem Feuerlufterhitzer oder einem anderen Gerät erwärmte Luft wird großen Hohlräumen in der Decke zugeführt. Bei einer anderen Sonderbauart wird die warme Luft durch geeignete Ausbildung der Zu- und Abführungskanäle an der Decke entlang geführt, wodurch diese erwärmt wird. Ausgenutzt wird dann sowohl die Abstrahlung der an der Decke entlang streichenden Warmluft, wie auch der Decke selbst.

Eine sehr ansprechende Lösung der Strahlungsheizung ist die Verlegung von elektrisch erwärmten Heizelementen in den Decken. Allerdings wird diese Beheizungsart wegen der hohen Stromkosten wohl nur in Sonderfällen wirtschaftlich sein.

Der Strahlungsheizung zuzurechnen sind auch die bereits in Abschn. 4 beschriebenen Gasstrahlungsheizgeräte nach Schwank (Abb. 13) und ähnliche Bauformen.

Bei der Fußbodenheizung, bei der die Heizregister im Fußboden verlegt werden, ist die Erwärmung des Raumes weniger auf die Wirkung der Wärmestrahlung, sondern auf die Luftumwälzung durch die am Boden erwärmte Luft zurückzuführen.

Bei der Ausführung der Strahlungsheizungen ist zu unterscheiden zwischen Anlagen, bei denen die gesamte Anlage ausschließlich Strahlungsheizflächen umfaßt und Anlagen, die sowohl Strahlungsheizflächen, wie auch Heizkörper üblicher Bauart umfassen. Da, wie bereits erwähnt, die Strahlungsheizflächen mit einem Temperaturunterschied von 10° C zwischen Vor- und Rücklauf arbeiten, während bei Heizkörper 20° C Unterschied üblich sind, und auch die Vorlauftemperaturen beider Gruppen unterschiedlich sind, ist eine genaue Anpassung beider Gruppen erforderlich. Nach Möglichkeit bildet man die Anlage so aus, daß der Rücklauf der Heizkörpergruppe als Vorlauf für die Strahlungsheizflächen benutzt wird. Allerdings wird nur in seltenen Fällen das Größenverhältnis beider Gruppen so sein, daß der gesamte Rücklauf der Heizkörper gleich dem Vorlauf der Strahlungsflächen ist. (Die Umlaufwassermenge ist bei gleicher Wärmeleistung bei Heizkörpern halb so groß wie bei Strahlungsflächen.) Man wird also je nach Lage der Verhältnisse entweder nur einen Teil des Heizkörper-Rücklaufs verwenden können und den Rest über ein Drosselventil zum Kessel zurückleiten, bzw. man wird eine Zumischung von unmittelbar vom Kessel kommendem Wasser vorsehen müssen. Die Erwärmung der Strahlungsheizflächen erfolgt durch in ihnen verlegte Heizrohre, die sog. zu Heizregistern, d. h. schlangenförmig angeordneten Rohrzügen mit einer Abmessung von etwa 20 bis 50 mm Durchmesser gebildet werden. Die Anordnung der Heizregister richtet sich nach der Größe der zu beheizenden Räume und nach der Lage der Vor- und Rücklaufleitungen. Der Abstand der einzelnen Rohre sollte nicht zu groß gewählt werden. Die Rohrlänge eines einzelnen Registers erreicht bis 100 m. Mitunter macht es die Größe und auch die Benutzungsart des Raumes erforderlich, mehrere Register, d. h. selbständig an die Vor- und Rücklaufleitung angeschlossene Rohrzüge einzubauen. Bei wechselnden Anforderungen hinsichtlich der Erwärmung, die sich aus der Benutzungsart ergibt, kann man die Register so ausbilden, daß sie wahlweise durch gesonderte Ventile eingeschaltet werden können.

Die Verlegung der Heizregister, für die Abb. 117 einige Beispiele zeigt, soll so erfolgen, daß Kreuzungen der Rohre innerhalb der Decken vermieden werden. Etwa notwendige Kreuzungen sind in die Anschlußleitungen zu legen. Bei der Ver-

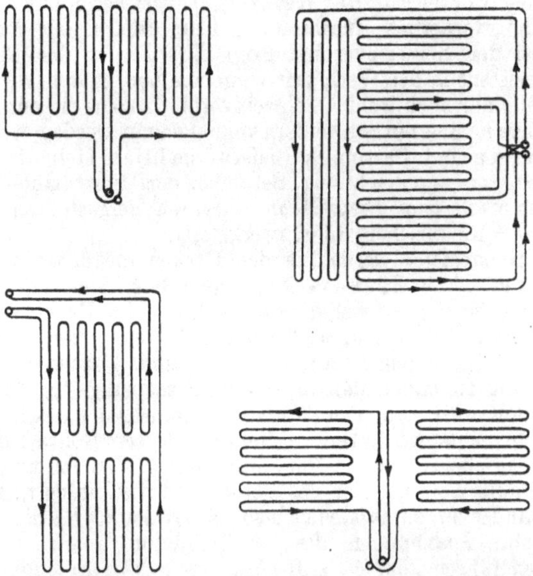

Abb. 117. Beispiele für Heizrohrregister (nach Heid-Kollmar)

legung der Heizregister ist darauf zu achten, daß sich keine Luftblasen in ihnen festsetzen können. Da innerhalb der Register praktisch kaum ein Gefälle zur Verfügung steht, ordnet man bei Strahlungsheizungen mit Pumpenbetrieb die Anschlußleitungen so an, daß der Vorlauf von unten kommt und der Rücklauf nach oben erfolgt.

Bei Schwerkraft-Strahlungsheizungen, die jedoch nur selten gebaut werden, sind die Register besonders sorgfältig zu verlegen und müssen kurz gehalten werden, damit sie bei den geringen zur Verfügung stehenden Umlaufkräften überhaupt arbeiten. Man schaltet dann kurze Rohrstrecken parallel. Bei Schwerkraftheizungen muß der Vorlauf oben, der Rücklauf unten angeschlossen werden.

Bei der **Verlegung der Heizregister** ist besonders große Sorgfalt erforderlich, insbesondere beim Biegen der Rohre und bei den Schweißverbindungen. Das Biegen der Rohre wird meistens in der Werkstatt vorgenommen, so daß auf der Baustelle nur noch wenige Schweißverbindungen, die nur von besonders befähigten Schweißern vorgenommen werden dürfen, auszuführen sind. Bestimmte Lieferwerke liefern einbaufertige Rohrregister nach Zeichnung. Besonders eingeführt haben sich die aus nach dem Fretz-Moon-Verfahren hergestellten Register der Rheinischen Röhrenwerke AG.

Die Heizregister werden in den Decken möglichst **dicht unter der Unterfläche** verlegt. Man unterscheidet zwischen Strahlungsheizungen, bei denen die Rohre im Deckenbeton verlegt sind und solchen, bei denen die Rohre in einer Schicht, die an die Decke angehängt ist, verlegt sind. Von besonderer Bedeutung ist dabei, daß die Zusammensetzung des Betons so gewählt wird, daß seine Wärmeausdehnung der des Eisens der Rohre entspricht. Die im Beton verlegten Rohre haften an diesem ebenso wie die Bewehrungseisen. Weichen nun die Ausdehnungskoeffizienten des Betons und des Eisens zu sehr voneinander ab, so entstehen beim Erwärmen und Abkühlen der Rohre Spannungen, die zur Rißbildung und sonstigen Schäden führen können, z. B. Abplatzen des Deckenputzes. Zur Vermeidung derartiger Schäden soll auch das Anheizen nur langsam vorgenommen werden. Empfohlen wird eine Anheizgeschwindigkeit von etwa 2^0 C je Stunde.

Man hat, vor allem im Ausland, versucht, die Rohre der Deckenheizung gleichzeitig als Bewehrung des Eisenbetons der Decke zu verwenden, jedoch bestehen aus den oben angeführten Gründen Bedenken gegen diese Form. Die Baupolizeibehörden fordern daher in Deutschland, daß die Decken mit einer Bewehrung versehen werden, die allein genügt, die zulässigen Lasten aufzunehmen.

Die Wärmeübergangszahl von Eisenbeton ist geringer als die von Stahl. Man hat daher die Verwendung von Rohren vorgeschlagen, an die der Länge nach Rippen u. dgl. angeschweißt sind, um die Flächen für den Wärmeübergang zwischen Stahl und Beton zu vergrößern.

Der Einbau von Deckenheizungen ist bei allen Deckenbauarten aus Beton möglich, sofern nur die erforderliche Zusammensetzung des Betons eingehalten wird. Die Heizregister werden vor dem Gießen oder Einstampfen des Betons auf oder zwischen der Bewehrung aus Stahl verlegt. Die richtige Höhe wird durch kleine Betonklötze oder durch Anbinden an den Bewehrungseisen eingehalten.

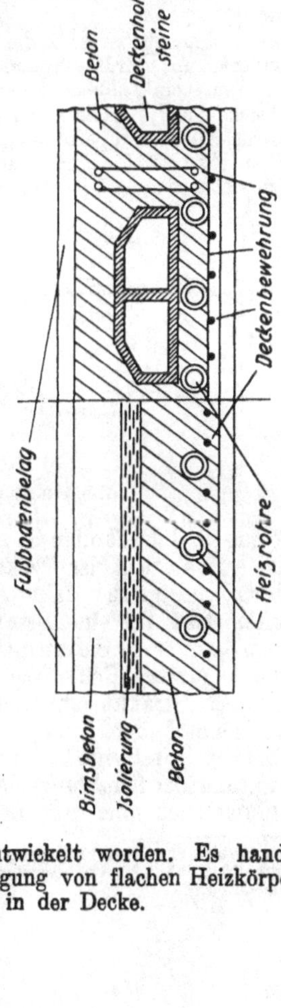

Abb. 118. Deckenheizung in Massiv u. Hohlsteindecke

Abb. 118 zeigt die Verlegung der Heizregister in einer Massivdecke (linke Bildhälfte) und in einer Beton-Hohlstein-Decke (rechte Bildhälfte). Durch Einbringen einer Dämmschicht (z. B. Isoliermatten, Kork usw.) wird eine unerwünschte Abstrahlung nach oben vermieden.

Wird die Strahlungsheizung nachträglich an eine vorhandene Decke angehängt, so muß ebenfalls eine entsprechend starke Betonschicht angebracht werden. Eine Verlegung im Deckenputz ist nicht möglich, da dieser nicht die notwendige Übereinstimmung in der Wärmeausdehnung aufweist, und daher abplatzen würde. Man wird jedoch wegen der Schwierigkeiten, eine gleichmäßig dichte Betonschicht unter der Decke anzubringen, davon absehen, in bestehenden Bauten Strahlungsheizungen einzubauen.

Neben dieser Grundform der Deckenheizung ist eine Anzahl verschiedener Bauarten, die z. T. patentrechtlich geschützt sind, entwickelt worden. Es handelt sich dabei zumeist um die Anbringung von flachen Heizkörpern oder beheizten Platten unter oder in der Decke.

Allgemein gültige Angaben über die Wärmeleistung einer Deckenheizung können nicht gegeben werden, da diese nicht nur von der Zahl, dem Durchmesser und dem Abstand der verlegten Heizrohre, sondern auch von dem Aufbau der Decke abhängt. Die Wärmeleistung muß in jedem Fall berechnet werden[1]).

Heid-Kollmar geben z. B. die Wärmeleistung einer 12-cm-Massiv-Betondecke mit darüberliegender 4-cm-Dämmschicht, 8 cm Bimsbeton sowie 3 cm Fußbodenbelag und 0,5 cm Putz an der Unterseite der Decke bei $^1/_2{}'$ Rohrdurchmesser und 18 cm Rohrabstand bei mittlerer Deckentemperatur $t_m = 45^0$ C, Vorlauftemperatur $t_v = 58^0$ C zu etwa 225 kcal/m$^2 \cdot h$ an. Die Vorlauftemperaturen können um so höher werden, je größer der Rohrabstand ist.

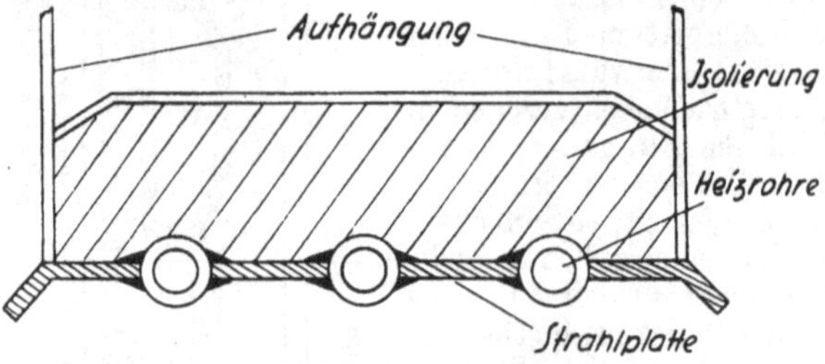

Abb. 119. Sunstrip-Heizkörper

Wand- und Fußboden-Strahlungsheizungen entsprechen in ihrem Aufbau dem der Deckenheizung. Eine gesonderte Darstellung erübrigt sich daher an dieser Stelle.

In Amerika ist eine besondere Heizungsform unter dem Namen Sunstrip-Heizung entwickelt worden, die in großem Umfange für die Beheizung von Fabrikräumen Verwendung findet. An Strahlungsblechen werden Rohre für das Heizmittel, Dampf oder Heißwasser angebracht oder eingeschweißt (Abb. 119). Durch eine Dämmstoffschicht und leitblechförmige Abkantung der Strahlungsbleche wird eine unerwünschte Abstrahlung nach oben und den Seiten verhindert.

---

[1]) Angaben zur Berechnung bei Heid-Kollmar, Die Strahlungsheizung 3. Aufl. 1948, Carl Marhold Verlagsbuchhandlung, Halle/Saale und Berlin-Charlottenburg.

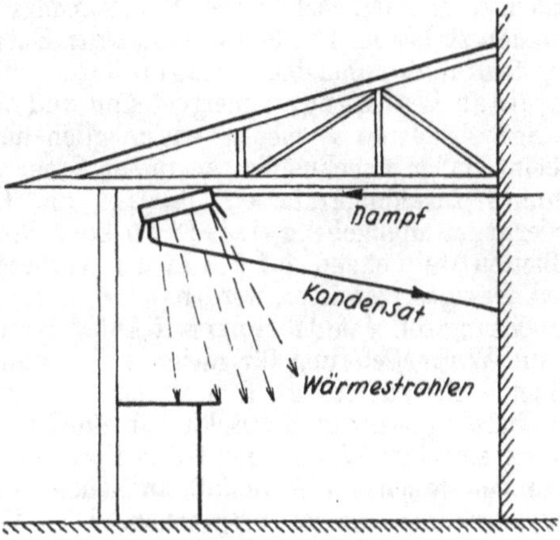

Abb. 120.

Ähnlich wirken die bereits früher besprochenen Gas-Strahlungsheizkörper nach Schwank (vgl. Abschn. 4, Abb. 13). Die Anwendung derartiger Strahlungsheizkörper ist nicht auf geschlossene Räume beschränkt, sondern sie können auch in offenen Schuppen oder sogar im Freien verwendet werden. Abb. 120 zeigt die Beheizung eines einzelnen Arbeitsplatzes in einem offenen Schuppen. Andere Verwendungsarten sind die örtlich begrenzte Beheizung von Liegehallen in Heilstätten, Zuschauertribünen in Sportstätten usw.

Abschnitt 21

Sonderformen der Zentralheizung für die Beheizung kleiner Wohnungen

Die Auswirkungen des letzten Krieges haben dazu geführt, daß die kleine Wohnung mit nur wenigen Räumen zur Regel wurde. Außerdem ist die Zahl derjenigen Haushalte, die sich heute die Annehmlichkeiten einer zentralbeheizten Wohnung leisten können, sehr gering geworden. Andererseits muß angestrebt werden, diese möglichst breiten Bevölkerungsschichten zugute kommen zu lassen. Ein Schwerpunkt der Entwicklung im Heizungsfach muß daher bei Anlagen liegen, die für die heutigen kleinen Wohnungen geeignet sind und deren Anlage- und Betriebskosten so niedrig wie möglich liegen.

Es erscheint daher zweckmäßig, an dieser Stelle kurz die Gesichtspunkte zusammenzufassen, die für die Erfüllung dieser Forderungen maßgebend sind. Dabei kann hinsichtlich der Einzelheiten weitgehend auf das in den vorhergehenden Abschnitten Gesagte verwiesen werden.

Die Betrachtung soll sich dabei nur auf Anlagen erstrecken, bei denen die Wärmelieferung für mehrere Wohnungen zentral von einer Stelle aus erfolgt, d. h. durch die Kesselanlage einer Zentralheizung oder durch Anschluß an eine Fernheizung. Die Beheizung einzelner Wohnungen durch Einzelfeuerstellen, Etagenheizungen (auch im Anschluß an Küchenherdkessel u. dgl.) wurde früher bereits besprochen. Der Wohnungsinhaber hat es hier in der Hand, die Beheizung der Wohnung seinen Wünschen entsprechend vorzunehmen.

Nachstehende Gesichtspunkte sind bei Entwurf und Ausführung von Zentralheizungsanlagen für die heutige Kleinwohnung zu beachten:

1. niedrige Anlagekosten, d. h. geringer Aufwand für Bauarbeiten, Verlegung und Werkstoffe;
2. geringer Raumbedarf;
3. größtmögliche Wirtschaftlichkeit;
4. Anpassung der Wärmelieferung an den Bedarf, d. h. kurze Aufheizzeiten, Beheizung nur der benutzten Räume;
5. Meßbarkeit des Wärmeverbrauchs;
6. Betriebssicherheit, insbesondere Vermeidung des Einfrierens bei Nichtbenutzung der Anlage.

Diese Forderungen führen dazu, die Heizbarkeit auf die eigentlichen Wohnräume zu beschränken und auf die Beheizung von Nebenräumen zu verzichten. Bereits beim Bauentwurf ist darauf zu achten, daß die zu beheizenden Räume beieinanderliegen, so daß die Heizkörper möglichst an eine Steigleitung angeschlossen werden können. Man wird dabei u. U. darauf verzichten, die Steigleitungen in abgeschlossenen Mauerschlitzen zu verlegen, sondern ihre Wärmeabgabe zur Beheizung eines Nebenraumes auszunutzen. Waagerechte Verteilungsleitungen innerhalb der Wohnungen sollten vermieden werden.

Die Forderung nach **Anpassung der Wärmelieferung an den jeweiligen Bedarf** führt zu Anlagen, bei denen die Wärmelieferung für einzelne Räume kurzzeitig an- und abgestellt werden kann. Das ist einmal möglich durch An- und Abstellen der in den Räumen vorhandenen Heizkörper oder dadurch, daß man, sofern die Luft

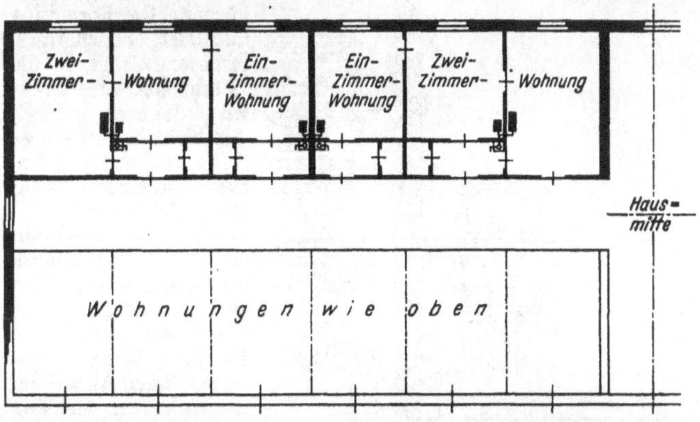

Abb. 121. Niederdruckdampfheizung für Kleinstwohnungen nach Joh. Körting

als Wärmeträger benutzt, den Zustrom der erwärmten Luft entsprechend regelt. Für diesen Zweck eignen sich Anlagen, wie die bereits besprochene Domothern-Warmluftheizung (Abschn. 8) und sog. „Zentralkonvektoren", d. h. Konvektoren, die in der Wand zwischen den Räumen angeordnet sind. Bei diesen kann der Warmluftaustritt in die zu beheizenden Räume mittels Klappen geregelt werden, so daß nur die benutzten Räume beheizt werden. Infolge der raschen Luftbewegung setzt die Erwärmung der Räume rasch ein, wenn die Luftklappen geöffnet werden. Warmluftheizungen in der Art der Domothermheizung und Zentralkonvektoren genügen auch der Forderung nach geringem Raumbedarf.

Untersucht man die Frage, welches Heizmittel das geeigneteste für eine Heizungsanlage ist, die den obigen Bedingungen am besten entspricht, so kommt man zu dem Ergebnis, daß **Niederdruckdampf** vor warmem Wasser den Vorzug verdient. Bei sachgemäßer Ausführung ist eine Allgemeinregelung und rasche Anpassung an Schwankungen im Wärmeverbrauch gewährleistet. Bei dem einzelnen Wohnungsanschluß ist die rasche Anpassung der Wärmelieferung an den Bedarf dadurch gegeben, daß die Wärmeabgabe bereits kurze Zeit nach Inbetriebnahme einsetzt. Das gilt sowohl für den Anschluß von Konvektoren oder Warmluftheizgeräten, wie auch für den Anschluß von Heizkörpern. Der Forderung nach Betriebssicherheit, insbesondere gegen die Gefahr des Einfrierens wird dadurch genügt, daß nicht in Betrieb befindliche Teile der Anlage wasserfrei sind. Die Meßbarkeit des Wärmeverbrauchs ist in einfacher Weise dadurch gegeben, daß man einen einfachen Zähler für die Kondensatmenge in die Rücklaufleitung einbauen kann. Außerdem ist auch eine Messung durch Zählung der Öffnungszeiten des Absperrventils der Dampfzuleitung oder des Stromverbrauchs bei Geräten mit elektrischem Antrieb möglich.

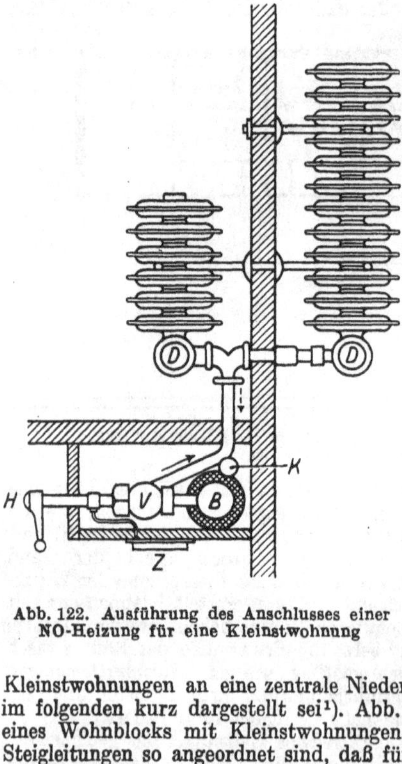

Abb. 122. Ausführung des Anschlusses einer NO-Heizung für eine Kleinstwohnung

Joh. Körting gibt eine Ausführungsart für den Anschluß von Kleinstwohnungen an eine zentrale Niederdruckdampfheizung, die im folgenden kurz dargestellt sei[1]). Abb. 121 zeigt den Grundriß eines Wohnblocks mit Kleinstwohnungen. Man erkennt, daß die Steigleitungen so angeordnet sind, daß für jede Wohnung nur ein Anschluß vorgesehen ist und die Zuleitungen zu den Heizkörpern

[1]) Vgl. Gesundheitsingenieur 1947, Heft 6, 68. Jahrg., S. 168.

nur kurz werden. Für jede Wohnung ist (vgl. Abb. 122) ein Hauptventil *V* vorgesehen, dessen Öffnungszeiten durch ein Zählwerk *Z* gezählt werden. Es ist nun daran gedacht, daß der Wohnungsinhaber berufstätig ist, so daß der Wärmebedarf nur morgens für eine kurze Zeit und in den Abendstunden auftritt. Beim Verlassen der Wohnung schließt der Benutzer das Hauptventil, und die Wärmelieferung hört auf. Besteht bei Rückkehr Wärmebedarf, so wird das Ventil wieder geöffnet. Während der Nachtzeit kann nach Wahl die Anlage abgesperrt werden. Häufig wird man jedoch die Gesamtheizungsanlage während der Nachtstunden herunterregeln.

Eine Ergänzung durch Anschluß eines Warmwasserspeichers oder einer Vorrichtung zum Erwärmen von Speisen ist ohne weiteres möglich.

Abschnitt 22

Fernleitungen

Zur Herstellung der Fernleitungen für Dampf und Warmwasser werden die gleichen Rohr- und Verbindungsarten verwendet wie bei den Einzelanlagen (Abschn. 18). Da es sich dabei aber um meistens größere Rohrweiten handelt, werden die Rohrverbindungen heute durchweg geschweißt.

Besondere Beachtung erfordern die unter dem Einfluß der Temperatur auftretenden Längenänderungen der Leitungen, die, wie schon erwähnt, 1,17 mm je Meter Rohrlänge und 100° Temperaturerhöhung betragen. Infolge der oft recht beträchtlichen Rohrlängen und der größeren Temperaturunterschiede nehmen diese solche Werte an, daß zu ihrer Aufnahme besondere Vorkehrungen getroffen werden müssen.

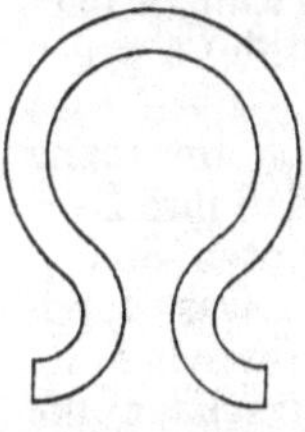

Abb. 123. Federrohr in Leierform

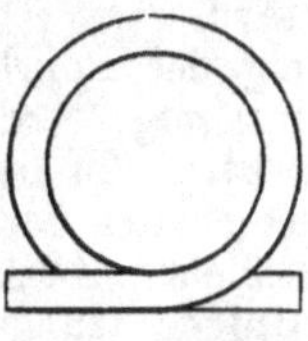

Abb. 124. Federrohr in Trompetenform

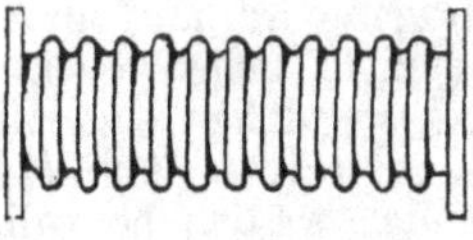

Abb. 125. Federrohr aus gewelltem Kupfer

Zum Ausgleich dieser Längenänderung gibt es verschiedene Wege. Der einfachste und häufigste ist der Einbau sog. Ausdehnungsbögen oder Federrohre nach den Abb. 123 und 124. Diese müssen „gespannt“ eingebaut werden, d. h., man verkürzt die kalte Leitung um die Hälfte der errechneten Längenausdehnung und zieht beim Einbau den Bogen entsprechend auseinander. Bei dem Federrohre in Trompetenform (Abb. 124) liegen die Anschlußrohre nicht in gleicher Höhe. Hierauf ist wegen des richtigen Gefälles Rücksicht zu nehmen.

Das in Abb. 125 dargestellte kupferne Wellrohr kann die Längenänderungen auf sehr kleinem Raum aufnehmen.

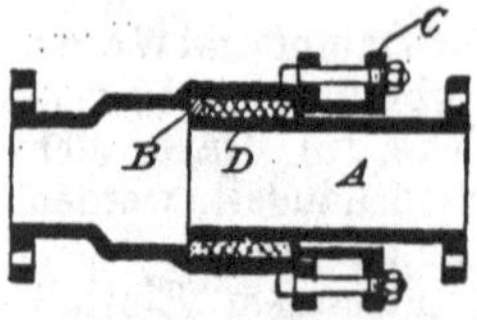

Abb. 126. Ausdehnungsstopfbuchse

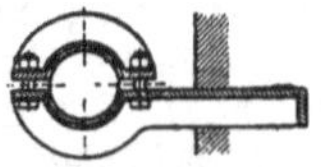

Abb. 127. Festschelle

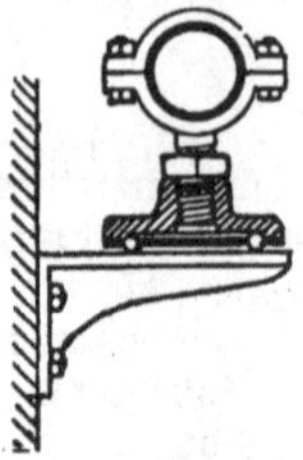

Abb. 128. Bewegliche Standrohrschelle

Es muß ebenfalls mit einer gewissen Vorspannung eingebaut werden.

Bei der in Abb. 126 wiedergegebenen Stopfbuchse wird der Ausgleich durch die Verschiebung des Rohres *A* gegenüber dem Stopfbuchskörper erreicht. Die Abdichtung erfolgt durch die Packung *D*, die durch den Flansch (Brille) *C* gegen den Grundring *B* angezogen wird.

Ebenso wie der Ausdehnung der Rohrleitung Rechnung getragen wird, muß auch dafür gesorgt werden, daß ihre Lage sich nicht beliebig verändern kann. An bestimmten Stellen muß sie daher eindeutig festgehalten werden, was durch Festschellen (Abb. 127) geschieht. Zwischen diesen Festschellen werden bewegliche Unterstützungen eingebaut, die den Ausdehnungsbewegungen folgen können. Eine bewegliche Standrohrschelle zeigt Abb. 128. Sie ist auf Kugeln gelagert und der Höhe nach genau einstellbar. In den meisten Fällen sind bei den Fernleitungen mehrere Rohrstränge nebeneinander zu verlegen. Dadurch ergeben sich besondere Ausführungsarten, wie z. B. die Doppelschelle nach Abb. 129 für Warmwasser-Fernleitungen, bei denen größere seitliche Bewegungsfreiheit gefordert wird. Sie ist ebenfalls in der Höhe einstellbar.

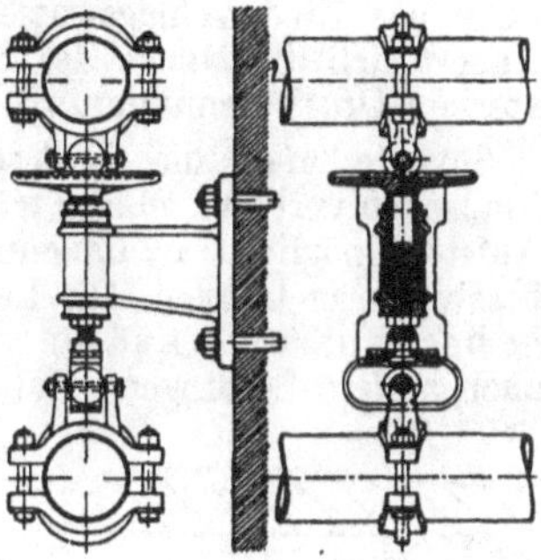
Abb. 129. Doppelrohrschelle

Bei der Anlage von Warmwasser-Fernleitungen braucht man nur wenig Rücksicht auf das Gefälle zu nehmen. Da die Geschwindigkeit in den Rohren ziemlich hoch ist, wird sich etwa ansammelnde Luft mitgerissen und kann an irgendeiner Stelle durch ein Entlüftungsrohr abgeführt werden.

Anders ist es dagegen bei den Dampfleitungen, bei denen, wie schon mehrfach betont, das sich bildende Niederschlags-

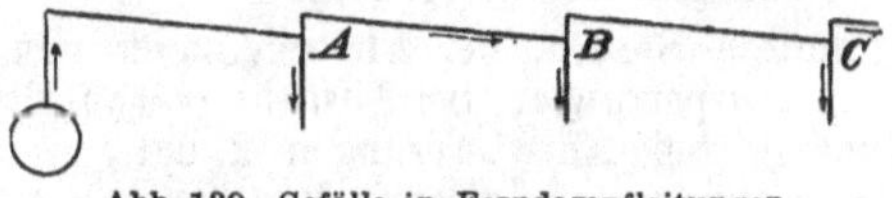

Abb. 130. Gefälle in Ferndampfleitungen

wasser so abgeführt werden muß, daß seine Strömungsrichtung niemals der des Dampfes entgegen läuft. Das Gefälle muß daher stets in Richtung des Dampfstromes verlaufen. Bei langen Rohrleitungen, die die Anlage eines durchgehenden Gefälles nicht ermöglichen, geht man deshalb dazu über, die Leitung stufenförmig (Abb. 130) anzulegen. An den Knickpunkten *A*, *B*, *C* werden Wasserabscheider und Kondenswasserableiter eingebaut. Das Gefälle soll für 1 m Rohrlänge nicht unter 5 mm betragen. Ein geringeres Gefälle ist nur dann zulässig, wenn mit sehr hohem Druckabfall in der Leitung gerechnet wird. Die hohe Geschwindigkeit des Dampfes treibt dann das Niederschlagswasser mit sich, und außerdem verringert sich die Menge des Niederschlagswassers infolge der starken Druckverminderung.

Solange man die Rohre der Fernleitungen durch Flanschen verband, mußte man sie so verlegen, daß dauernde Aufsicht möglich war, um entstehende Undichtigkeiten schnell beseitigen zu können. Die Leitungen wurden daher meistens in begehbaren Kanälen verlegt, in denen man möglichst auch andere Leitungen, Kabel u. dgl., unterbrachte. Diese Verlegungsart ist aber sehr kostspielig. Seitdem es möglich wurde, die Leitungen einwandfrei zu verschweißen, verlegt man sie meistens in kleinen, viel billigeren, unbegehbaren Kanälen, die gerade so groß sind, daß die Leitungen darin Platz haben und die in einfachster Weise aus Mauerwerk oder unter Benutzung von Betonformsteinen hergestellt werden können (Abb. 131).

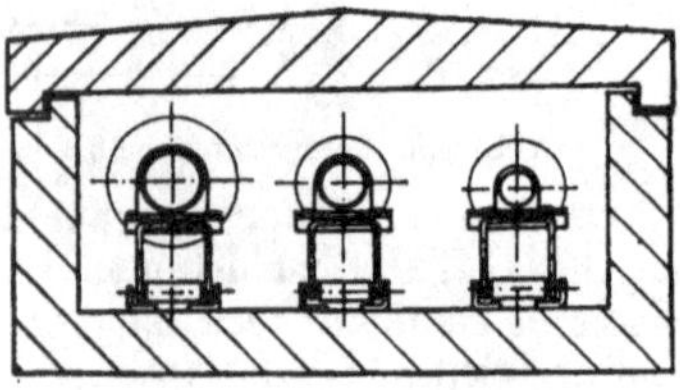

Abb. 131. Fernleitungskanal

An bestimmten Stellen, bei Abzweigungen von Rohren, besonders mit Absperrungen, bei Ausdehnungsausgleichern in Dampfleitungen, bei Entwässerungen u. dgl., werden Einsteigöffnungen angelegt, um diese Stellen zugängig zu machen, und gleichzeitig einen Einblick in die Kanäle zu ermöglichen.

Neuerdings ist man mit Erfolg dazu übergegangen, Fernleitungen ohne Kanäle in den Erdboden zu verlegen. Sie werden mit einem Wärmeschutz aus Mineralwolle und darüber mit einer eisenbewehrten Betonschicht umgeben und dadurch gegen von außen kommende Einflüsse, Druck usw., geschützt. Sodann werden sie mit Dachpappe, Teeranstrich u. dgl. gegen Feuchtigkeit geschützt. Der Längenausdehnung wird durch in Eisenrahmen gelagerte Rollenlager entsprochen, wodurch die Rohre sich innerhalb der Wärmeschutzumhüllung verschieben können.

Abschnitt 23

Zubehör der Fernleitungen

Als Absperrungen in Fernleitungen werden Schieber (nach Abb. 105) und Ventile (nach Abb. 106) benutzt, die, wie bei größeren Rohrweiten allgemein üblich, mit Flanschen in die Leitungen eingebaut werden.

Bei der Ableitung des Niederschlagswassers aus Dampfleitungen muß dieses zunächst durch Wasserabscheider (Abb. 132 und 133) von dem Dampf getrennt werden. Das Wasser sammelt sich im unteren Teil des Abscheiders und fließt durch ein Abflußrohr ab. Es muß aber verhindert werden, daß unter dem Einfluß des Druckes Dampf entweicht, nachdem das Wasser aus dem Abscheider ausgeflossen ist. Deshalb werden an das Ausflußrohr die eigentlichen Kondenstöpfe angeschlossen.

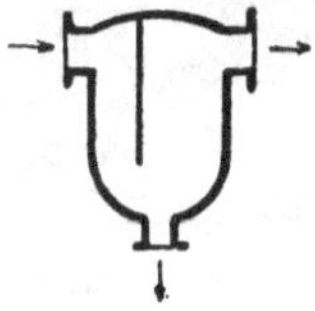

Abb. 132. Wasserabscheider im waagerechten Rohre

Abb. 133. Wasserabscheider im senkrechten Rohre

Eine oft verwendete Art dieser Kondenstöpfe sind die mit offenem Schwimmer (Abb. 134). Das Niederschlagswasser tritt bei *a* in den Topf ein, füllt diesen und läuft schließlich auch in den Schwimmer. Dadurch wird dieser schwerer, senkt sich und öffnet das Nadelventil *d*. Unter dem Einfluß des Dampfdruckes fließt jetzt das Wasser so lange ab, bis der Schwimmer leer ist, sich wieder hebt und das Ventil abschließt. Um die sich bei der Inbetriebnahme kalter Leitungen bildenden großen Niederschlagswassermengen schnell und sicher ableiten zu können, ist der Kondenstopf mit einem großen von Hand zu öffnenden Ventil versehen,

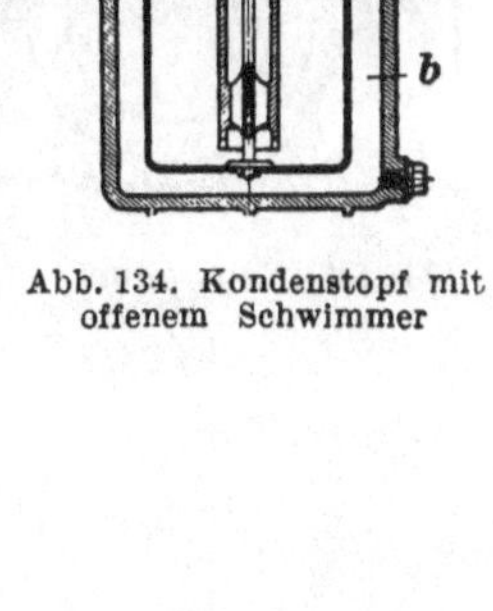

Abb. 134. Kondenstopf mit offenem Schwimmer

das beim Anstellen so lange offen bleibt, bis die Leitung warm und der Beharrungszustand erreicht wird. Ist ein solches Handventil nicht vorhanden, so muß an anderer Stelle durch eine absperrbare Umgehungsleitung oder ein Abflußventil dafür gesorgt werden, daß das Wasser schnell entfernt werden kann.

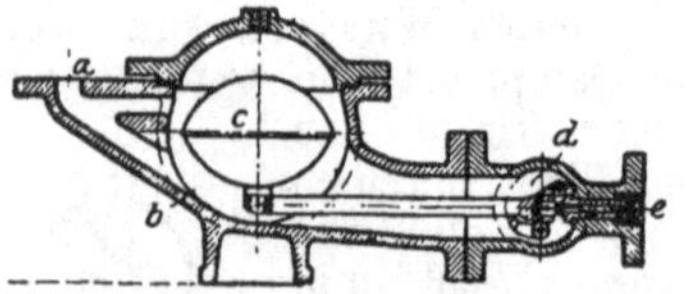

Abb. 135. Kondenstopf mit geschlossenem Schwimmer

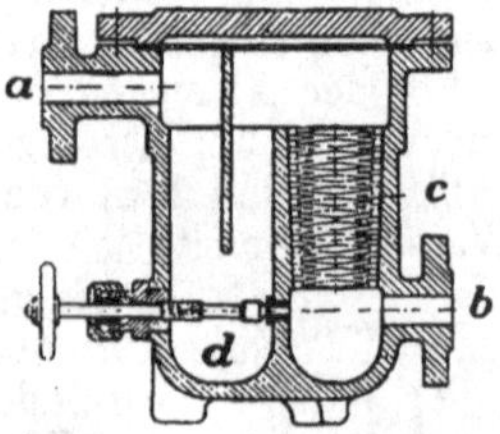

Abb. 136. Kondenstopf mit Labyrinthabschluß (Kreuzstromwerk)

Andere Kondenstöpfe arbeiten mit geschlossenem Schwimmer (Abb. 135). Das Niederschlagswasser tritt wiederum bei *a* ein und fällt in den Topf. Der Schwimmer wird durch das Wasser angehoben und öffnet nach Erreichen einer bestimmten Höhe das Ablaufventil *e*.

Eine dritte Ausführungsform gibt Abb. 136 wieder. Hier wird das Niederschlagswasser durch ein sog. Labyrinth *c* gedrückt. Etwa nachströmender Dampf erfährt in den Kanälen eine solche Entspannung, daß er nicht mehr zum Austritt gelangen kann. Das Ventil *d* bildet den schon besprochenen Auslaß beim Arbeitsbeginn.

Bei einer weiteren Gruppe von Niederschlagswasserableitungen wird die Formveränderung metallischer Körper unter dem Einfluß verschiedener Temperaturen benutzt. Neben dem in Abb. 113 dargestellten Ableiter mit gewelltem Kupferrohr wird der in Abb. 137 darge-

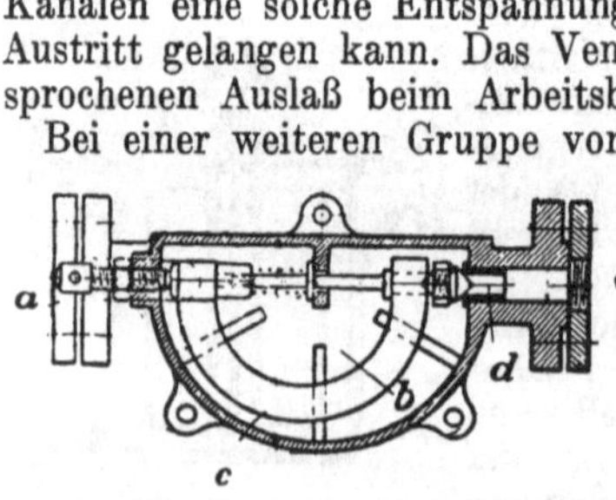

Abb. 137. Kondenstopf mit Rohrfeder (Heinze)

stellte Rohrfederableiter sehr viel benutzt. Die Rohrfeder *c* ist mit leichtsiedender Flüssigkeit gefüllt. Kommt Dampf in den Topf, so entwickelt sich Druck in der Feder, die dann das Bestreben hat, sich gerade zu strecken. Dadurch schließt sich das Ventil so lange, bis sich wieder Wasser angesammelt hat.

Alle derartigen Vorrichtungen sind ziemlich empfindlich und deshalb nicht sehr beliebt. Vor allem geben die feinen Ventile leicht zu Störungen Anlaß, weil sie durch das strömende Wasser angegriffen werden und sich auch leicht zusetzen. Deshalb müssen Kondenstöpfe so angebracht werden, daß sie leicht überwacht werden können. Es muß allerdings darauf hingewiesen werden, daß das meist heiße Niederschlagswasser infolge der plötzlichen Entspannung Dampfschwaden abgibt, die oft fälschlich als austretender Dampf angesehen werden.

Aus Gründen der Wirtschaftlichkeit verwendet man in den Fernleitungen zumeist Drücke, die weit über denen liegen, die von den Heizungen u. dgl. benötigt werden. Daher sind Einrichtungen erforderlich, die den Leitungsdruck auf die niedrigere Spannung herabmindern.

Grundsätzlich unterscheidet man bei den hierzu verwendeten Druckminder- (Reduzier-) Ventilen zwischen solchen mit Feder- und mit Gewichtsbelastung. Gemeinsam ist beiden das Durchlaßventil, welches dem ankommenden hochgespannten Dampf gerade soviel Durchschnittsquerschnitt freiläßt, wie erforderlich ist, um ihn auf den gewünschten Enddruck zu entspannen. Bei dem federbelasteten Druckminderventil (Abb. 138) tritt der Dampf bei *A* ein und durchströmt den ihm von dem „entlasteten" Ventil frei gegebenen Durchschnittsquerschnitt.

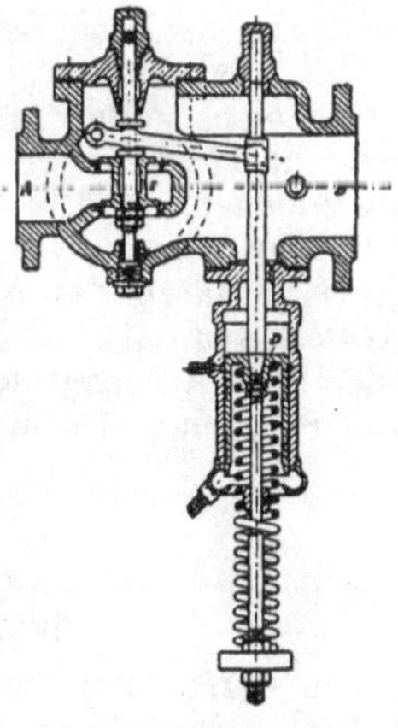

Abb. 138. Federbelastetes Druckminderventil

Der mit dem Ventil durch ein Gestänge verbundene Kolben D ist auf der einen Seite durch eine Feder und auf der anderen durch den entspannten Dampf belastet. Durch Änderung der Federspannung läßt sich das Ventil auf den gewünschten Enddruck einstellen.

Abb. 139 zeigt ein gewichtsbelastetes Druckminderventil. Bei dieser Ausführungsform ist ebenfalls ein Steuerkolben für den Ventilkegel vorhanden, der auf der einen Seite Dampf, auf der andern aber durch ein je nach der benötigten Spannung auf einem Hebel verschiebbares Gegengewicht belastet wird.

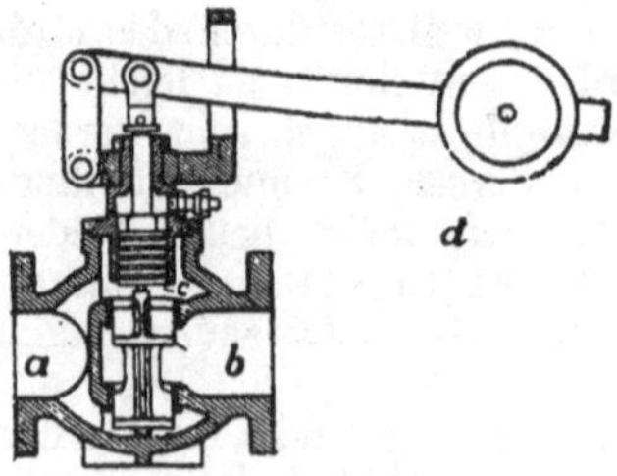

Abb. 139. Gewichtsbelastetes Druckminderventil

Wesentlich ist, daß die Steuerung der Druckminderventile stets von der Seite des geringeren Druckes aus erfolgt, da dieser unbedingt gleichgehalten werden soll, wenn auch der Druck des zuströmenden Dampfes stark wechselt.

Um möglichst hohe Wirtschaftlichkeit der Gesamtanlage zu erzielen, sollte das Niederschlagswasser stets wieder den Kesseln zugeführt werden, um die darin enthaltene Wärme auszunutzen. Zudem ist dieses Wasser frei von Kesselstein bildenden Bestandteilen, so daß dadurch die Schwierigkeiten, die sich durch das Nachspeisen frischen Wassers ergeben, Kesselsteinansatz und Nachlassen der Leistung auf der einen, oder hohe Aufbereitungskosten für das Speisewasser auf der anderen Seite, erheblich verringert werden.

Abschnitt 24

Anschluß von Einzelanlagen an Fernheiznetze- und Wärmeverbrauchszählung

Die Herstellung der Anschlüsse der einzelnen Heizungsanlagen an die Fernheiznetze bildet heute bereits ein Sondergebiet der Heizungstechnik. Eine eingehende Darstellung würde wegen ihres Umfanges weit über den Rahmen dieser Arbeit hinausgehen. Es sollen daher im folgenden nur die wesentlichsten Grundsätze angedeutet werden.

Solange es sich um den Anschluß einer einzelnen Anlage an ein mit Warmwasser betriebenes Fernheizungsnetz handelt, ist die Sache sehr einfach. Der unmittelbare Anschluß, d. h. die Verwendung des Heizwassers der Fernheizung als Heizmittel der Einzelanlage, verbietet sich wegen der Schwierigkeiten, die sich daraus sowohl für die Regelung der Einzel-, wie auch der Gesamtanlage ergeben. Lediglich bei der Beheizung von Gebäudegruppen, deren Wärmebedarf annähernd zeitlich gleich ist, so daß sich eine Leistungsregelung der Gesamtanlage von der Kesselstation aus ermöglichen läßt — Schulen, Krankenhäuser u. dgl. —, ist ein unmittelbarer Anschluß möglich. Der gewöhnlich eingeschlagene Weg ist der Einbau eines einfachen Gegenstromgerätes nach Abb. 147, Abschn. 25, an Stelle des Heizkessels. Die Regelung der Einzelanlagen erfolgt dann, abhängig von ihrer Temperatur, durch Drosselung des Zulaufs aus der Fernleitung. Man ist dann von Temperaturschwankungen in dieser weitgehend unabhängig.

Weniger einfach ist der Anschluß an mit Dampf betriebene Heizungen. Niederdruckdampfheizungen werden zumeist über ein Druckminderungsventil (Abschn. 23) unmittelbar an das Rohrnetz angeschlossen, sofern die Qualität des ankommenden Dampfes das gestattet (Reinheit, Ölfreiheit). Ist diese nicht einwandfrei, so muß, ebenso wie bei dem Anschluß der Warmwasserheizungen, ein Wärmeaustauscher eingebaut werden. Die Regelung der Temperatur erfolgt durch in die Zulaufleitung eingebaute selbsttätige Regelventile.

Aus Abb. 140 ist die grundsätzliche Anordnung des Anschlusses einer Warmwasserheizung an ein Dampffernheiznetz, einschließlich des Zählwerkes und der Niederschlagswasserrückleitung, zu erkennen. Dieses Niederschlagswasser soll, wie schon früher erwähnt, stets der Kesselanlage wieder zugeführt werden. Der Sammelbehälter muß gut gegen Wärmeverluste geschützt werden. Der in diesem befindliche Schwimmer schaltet die Pumpe, die das Wasser zurückfördert, selbsttätig ein und aus.

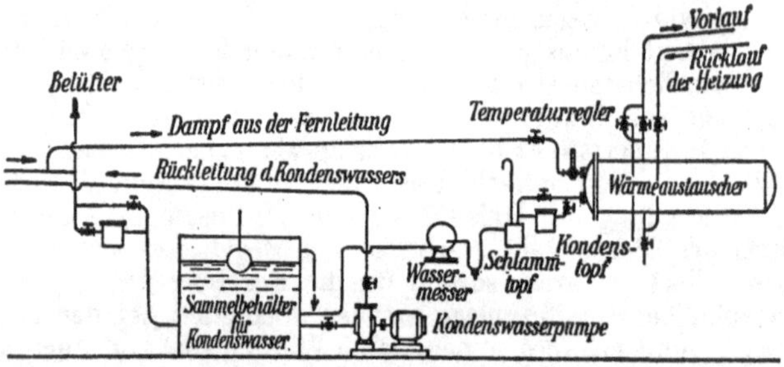

Abb. 140. Grundsätzliche Anordnung des Anschlusses einer Warmwasserheizung an ein Dampffernheiznetz

Die Feststellung des Wärmeverbrauchs der an Fernheizwerke angeschlossenen Einzelanlagen zum Zweck der Bezahlung läßt sich dort, wo Dampf als Heizmittel benutzt wird, durch Messung des Niederschlagswassers, wie in Abb. 122 dargestellt, leicht durchführen. Auch die für Bestimmung des Wärmeverbrauchs für Warmwasserheizungen gibt es brauchbare Wärmezählgeräte, Wassermesser u. a.

Die Einführung der Wärmeverbrauchszählung auch für Einzelwohnungen ist häufig versucht worden, der Erfolg ist jedoch umstritten. Erhält z. B. in einem Mietshause jede Wohnung einen eigenen Wärmezähler, so führt derjenige, der seine Wohnung reichlich heizt, seinem sparenden Nachbar, der die Heizkörper unbenutzter Räume abstellt und auch sonst wenig heizt, durch Wände, Fußböden oder Decken Wärme zu. Er muß also mehr bezahlen, als seinem eigenen Bedarf entspricht. Ein Ausgleich ist z. T. dadurch möglich, daß man von allen Beteiligten einen verhältnismäßig hohen Grundgebührenanteil erhebt entsprechend der Größe der eingebauten Heizflächen. Aus dieser Grundgebühr sollen die Leerlaufverluste der Anlage, die Beheizung gemeinsam benutzter Räume, z. B. Treppenhäuser, sowie der nicht meßbare Wärmeaustausch zwischen den einzelnen Räumen abgedeckt werden. Es ist eine Reihe von Geräten zur Messung des Wärmeverbrauchs entwickelt worden. Neben den bereits erwähnten Wassermessern, die den Durchfluß des Heizwassers bzw. des Kondensats anzeigen, gibt es Geräte, die den Wärmeverbrauch der einzelnen Heizkörper messen. In eine oben offene Röhre, die in einem am Heizkörper angebrachten, verschlossenen und plombierten Gehäuse untergebracht wird, wird eine Spezialflüssigkeit eingefüllt. Diese ist so zusammengesetzt, daß eine Verdunstung nur erfolgt, wenn der Heizkörper warm ist, und zwar verhältnisgleich zur Temperatur. An einer Skalen-Einteilung kann der Wärmeverbrauch abgelesen werden. Diese Geräte bedürfen nur sehr wenig Wartung, da die Flüssigkeit über viele Monate vorhält. Ein ähnliches Gerät benutzt die bleibende Verbiegung eines Bi-Metall-Stabes, die ebenfalls der Temperatur und der Zeit verhältnisgleich ist. Die Biegung kann ebenfalls an einer Skala abgelesen werden. Diese Geräte sind so eingerichtet, daß sie u. U. nur einmal im Jahr bei der Frühjahrsabrechnung abgelesen zu werden brauchen, wobei für die nächste Heizperiode ein neuer Stab eingesetzt wird.

Bei Heizungen, die einen elektrischen Antrieb, z. B. eine Umwälzpumpe haben oder einen Lüfter, kann die Betriebszeit bzw. der Stromverbrauch des Antriebsmotors als Bemessungsgrundlage für den Heizkostenanteil benutzt werden.

Trotz der Fortschritte, die auf diesem Gebiet erzielt worden sind, hindern die verhältnismäßig hohen Anschaffungs-, Wartungs- und Ablesekosten die allgemeine Einführung der Wärmeverbrauchsmessung beim Verbraucher. Man ist sogar in einigen Fällen von der Messung wieder abgekommen und zur Einschätzung des Verbrauchs zurückgekehrt.

Die richtige Ausbildung der Fernheizungsanschlüsse mit ihren feinfühligen Reglern und Zählern, zu denen meistens noch Überwachungsgeräte kommen, erfordert ein solch hohes Maß Sachkunde, daß zu ihrer Ausführung nur Fachleute herangezogen werden sollten, die die Sache gründlich beherrschen.

Über die beim Anschluß einzelner Heizungsanlagen an Fernheizungsnetze notwendigen Wärmeaustauscher siehe Abschn. 25.

Abschnitt 25

Ausführung der Warmwasserversorgungsanlagen

Die steigenden zivilisatorischen Forderungen, die heute an die Ausstattung unserer Wohnungen gestellt werden, haben auch die Frage der Warmwasserversorgung, durch die jedem ein warmes Bad gesichert wird, immer mehr in den Vordergrund treten lassen. Es ist heute eine selbstverständliche Forderung, daß auch die noch so schlicht gehaltene Wohnung mit einer Bade- oder Brausegelegenheit ausgestattet sein soll. Daher erscheint es bei einer Neuauflage dieses Werkes erforderlich, auch der Warmwasserversorgung einen breiteren Raum einzuräumen, als dies bisher der Fall war.

Grundsätzlich ist bei Warmwasserversorgungen zu unterscheiden zwischen Anlagen, bei denen Erwärmung des Wassers erfolgt in:

1. Einzel-Warmwasserbereitern, d.h. Einrichtungen, in denen das Wasser am oder in der Nähe der Verbrauchsstelle erwärmt und nur an einer, in Ausnahmefällen auch einigen wenigen Stellen, gezapft wird, und
2. zentralen Warmwasserversorgungsanlagen, d.h. Anlagen, bei denen die Erwärmung des Wassers zentral an einer Stelle erfolgt und dann durch ein Leitungsnetz einer größeren Zahl von Zapfstellen zugeleitet wird.

Bei den Einzel-Warmwasserbereitern ist zu unterscheiden zwischen Speicher-Warmwasserbereitern und sog. Durchlauferhitzern. Bei den Speicher-Warmwasserbereitern wird eine für den jeweiligen Verwendungszweck, z.B. ein Vollbad, erforderliche Wassermenge in einem Behälter erwärmt und bei Bedarf gezapft. Eine weitere Entnahme von Warmwasser ist erst dann möglich, wenn wiederum die benötigte Menge erwärmt worden ist. Bei Durchlauferhitzern wird das Wasser durch eine von außen beheizte Rohrschlange geleitet und dadurch erwärmt. Eine Entnahme von warmem Wasser ist so lange möglich, wie das Gerät in Betrieb ist. Die Beheizung der Speicher-Warmwasserbereiter kann sowohl durch unmittelbare Beheizung mittels festen Brennstoffen, Gas oder elektrischen Strom, wie auch durch Anschluß an eine Zentralheizung oder eine Betriebsdampfversorgung erfolgen.

Die einfachste Form des Speicher-Warmwasserbereiters ist der altbekannte Badeofen nach Abb. 141, der mit festen Brennstoffen beheizt wird. Die Feuergase des auf dem Rost entfachten Feuers ziehen durch ein Flammrohr ab und geben ihre Wärme an den Wasserinhalt des Ofens ab. Diese Geräte werden meistens als sog. „offene" (auch Überlauf-) Geräte ausgeführt. Der Wasserinhalt des Ofens steht nicht unter dem Wasserleitungsdruck. Nach Füllung des Ofens wird der Wasserzulauf abgesperrt. Das Zapfen des Wassers geschieht durch Öffnen des Kaltwasserzulaufhahnes. Das unter Leitungsdruck nachströmende kalte Wasser drückt das erwärmte Wasser nach oben aus dem Ofen heraus. Durch eine sog. „Badeofen-Batterie" wird erreicht, daß das Wasser wahlweise am Wannenauslauf oder an der Brause austritt. Außerdem kann kaltes Wasser unmittelbar zugeführt werden, so daß eine Mischung mit dem erwärmten Wasser oder die Zapfung von kaltem Wasser möglich ist. Da der Badeofen zum Auslauf hin stets offen ist, können bei zu langer Beheizung keine unzulässig hohen Drücke bei Dampfentwicklung entstehen. Ein Sicherheitsventil ist daher nicht erforderlich.

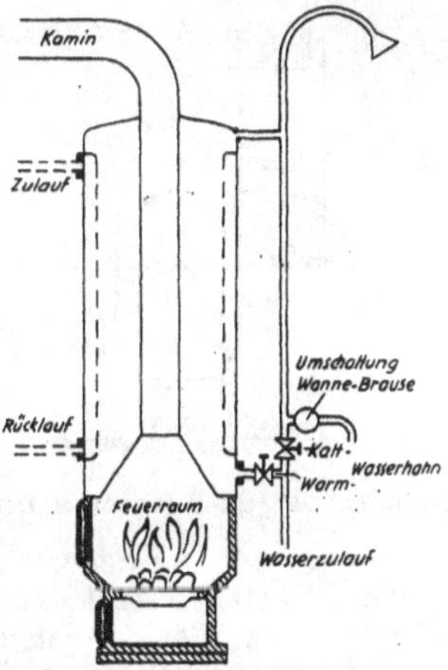

Abb. 141. Badeofen für feste Brennstoffe

In der Abbildung ist gestrichelt ein Doppelmantel dargestellt, der für den Anschluß an eine Zentralheizung vorgesehen ist. Während der Betriebszeit der Zentralheizung kann also die Erwärmung des Wassers auch durch die Zentralheizung erfolgen.

Es ist aber auch möglich, derartige Speicher-Warmwasserbereiter als sog. „Druckgeräte" auszubilden, d.h., der Wasserinhalt des Speichers steht unter Leitungsdruck. Diese Bauart wird bevorzugt, wenn an einen Speicher mehrere Zapfstellen angeschlossen werden sollen. Damit durch Dampfentwicklung keine unzulässig hohen Drücke in dem Gerät entstehen können, sind Sicherheitsvorrichtungen erforderlich. Abb. 142 zeigt den Anschluß derartiger Druckgeräte. In der linken Hälfte der Abbildung ist die Sicherheitsvorrichtung durch die Zwischenschaltung eines offenen Gefäßes mit einem Schwimmkugel-

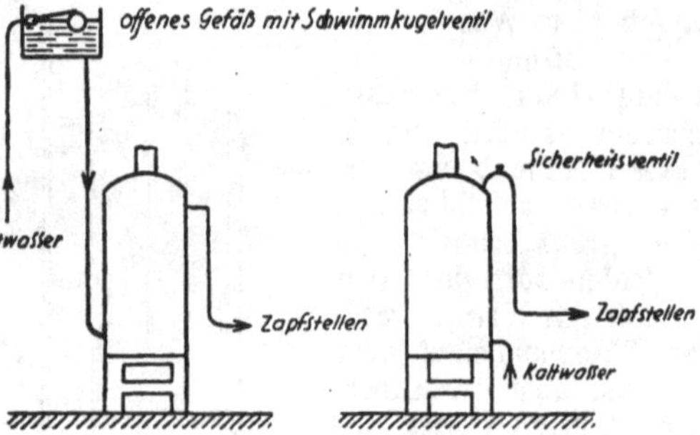

Abb. 142. Anschluß von unter Druck stehenden Warmwasserbereitern

ventil gegeben. Der Badeofen und die anschließende Leitung zu den Zapfstellen steht dann nur unter dem Druck, der der Höhenlage des Gefäßes entspricht. In der rechten Hälfte ist ein Druckgerät mit einem Sicherheitsventil dargestellt. Bei diesem stehen Gerät und Zapfleitung unter dem vollen Leitungsdruck.

Sehr verbreitet sind Speicher-Warmwasserbereiter, kurz Warmwasserspeicher genannt, bei denen die Erwärmung des Wassers durch elektrischen Strom oder mit Gas erfolgt. Diese bestehen aus einem mit gutem Wärmeschutz versehenen ausreichend großen Behälter, in dem sich entweder ein elektrisches Heizelement oder ein von den Feuergasen einer Gasfeuerung beheiztes Heizregister befindet. Durch einen Wärmefühler wird das Heizelement ein- bzw. ausgeschaltet, sowie bestimmte Niedrigst- bzw. Höchst-Wassertemperaturen erreicht sind. Da infolge der Wärmedämmung des Speichers die Verluste nur gering sind, ist der Strom- bzw. Gasverbrauch nur gering, um das Wasser auf der gewünschten Temperatur zu halten. Diese Geräte werden als Elektro-Speicher vorzugsweise in „offener" Bauart, als gasbeheizte Speicher meistens als Druckgeräte ausgeführt. Entsprechende Sicherheitsvorrichtungen müssen dann vorhanden sein.

Derartige Warmwasserspeicher werden häufig als kombinierte Geräte ausgebildet, d. h., sie werden mit zwei Heizeinrichtungen versehen. Häufig findet man Warmwasserspeicher, die mit einer Feuerstelle für feste Brennstoffe oder einer Heizschlange zum Anschluß an eine Zentralheizung und mit einem elektrischen Heizelement versehen sind. Ein solches kombiniertes Gerät, mit einem elektrischen Heizelement und einem Anschluß an eine Zentralheizung, zeigt Abb. 143. Während der Betriebszeit der Zentralheizung wird das Wasser bis zur mittleren Temperatur des Heizmittels der Zentralheizung erwärmt. Die Erwärmung bis zur gewünschten Zapftemperatur

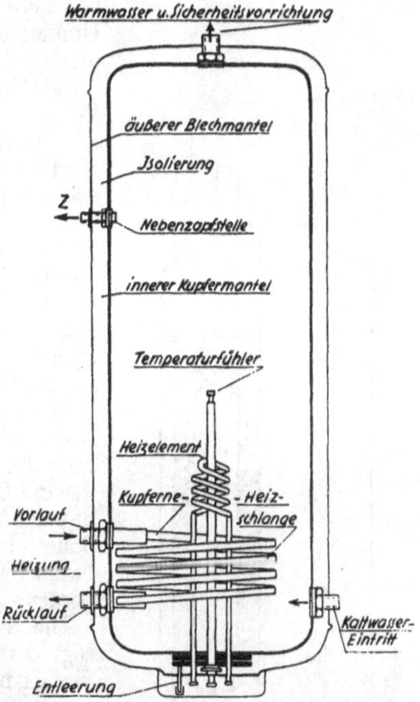

Abb. 143. Warmwasserspeicher mit Anschluß an eine Zentralheizung und elektrischem Heizelement (B.S.-Strehlau, Berlin)

sowie außerhalb der Heizzeit erfolgt durch ein elektr. Heizelement, das höher angeordnet ist als die Rohrschlange der Zentralheizung. Damit wird eine Abführung der von diesem abgegebenen Wärme in den Umlauf der Zentralheizung vermieden.

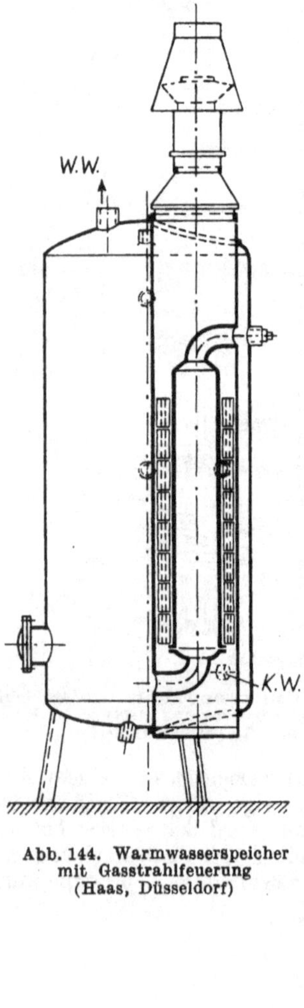

Abb. 144. Warmwasserspeicher mit Gasstrahlfeuerung (Haas, Düsseldorf)

Die Elektrospeicher haben den Vorteil, daß man sie durch entsprechende Zeitschalter so einrichten kann, daß die Erwärmung des Wassers nur während der Nachtzeit, in der Strom zum billigen Nachtstromtarif geliefert wird, erfolgt.

Als Beispiel für verschiedene Bauarten von gasbeheizten Speicher-Warmwasserbereitern sei der Warmwasserbereiter mit Gasstrahlfeuerung erwähnt. Auch hier erfolgt die Regelung durch einen Wärmefühler, der die Gasfeuerung so steuert, daß das Wasser in dem Speicher dauernd eine zwischen einstellbaren Grenzen liegende Temperatur aufweist.

Die verbreitetste Form der sog. Durchlauferhitzer sind die gasbeheizten Warmwasserbereiter, die häufig mit den bestimmten Herstellerwerken geschützten Namen „Geyser“ oder „Therme“ bezeichnet werden.

Wie bereits erwähnt, erfolgt hier die Erwärmung des Wassers während des Durchlaufs durch das Gerät, so daß beliebig lange gezapft werden kann. Dafür

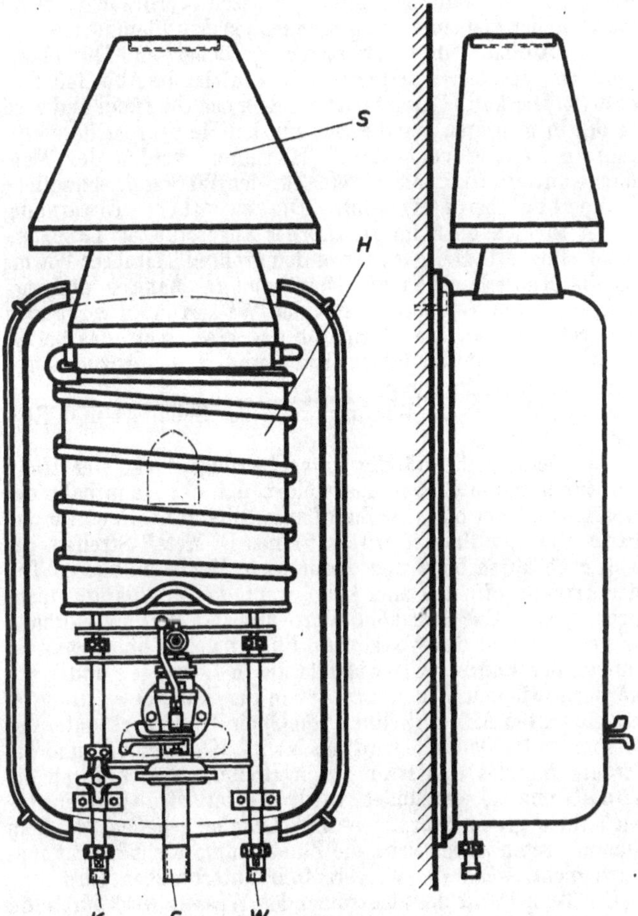

Abb. 145. Gas-Durchlauferhitzer (Vaillant-Geyser)

wird Gas nur während der Betriebszeit verbraucht, wenn man von der kleinen ständig brennenden Zündflamme absieht.

Der Aufbau eines derartigen gasbeheizten Durchlauferhitzers, des sog. Vaillant-Geysers, ist in Abb. 145 dargestellt. Das kalte Wasser tritt bei *K* in das Gerät ein und wird in der in mehreren Windungen um den Heizkörper herumgeführten Leitung vorgewärmt. Hierdurch werden die Wandungen des Heizkörpers auf eine für den Werkstoff erträgliche Temperatur heruntergekühlt. Die eigentliche Erwärmung findet in dem oben im Heizkörper angeordneten Lamellenblock statt. Die Heizgase geben den größten Teil ihrer Wärme an die Kupferlamellen ab. Diese sind mechanisch und metallisch (durch Verzinnung) mit den Wasserröhren verbunden und geben daher ihre Wärme an das Wasser ab, das bei *W* ausströmt. *G* ist die Gaszuleitung und *S* die Abzugshaube und Strömungssicherung.

Abb. 146 zeigt die Wirkungsweise des Schalters und Reglers des Gerätes.

Das Gerät steht ständig unter Leitungsdruck. Der Hahn der Zündflamme *Z* ist so ausgebildet, daß der Haupthahn des Gerätes nur bei offenem Zündflammenhahn geöffnet werden kann. Die Zündflamme erwärmt einen Bi-Metall-Streifen, der sich nach unten biegt und dadurch ein Ventil im oberen Teil der Armatur öffnet. Daher kann, wenn die Zündflamme nicht brennt, kein Gas austreten. Wird nun der Warmwasserhahn *W* geöffnet und das Wasser zum Fließen gebracht, so entsteht infolge der Rohrreibungswiderstände in Leitungen und Heizkörper sowie den Widerstand der in der Kaltwasserleitung *K* angebrachten Staurolle (links von *G*) ein Überdruck unter der Membran *M*. Dadurch wird das Ventil *V* angehoben und geöffnet, und das Gas strömt zum Brenner, wo es durch die Zündflamme *Z* entzündet wird. Es ist also weitgehende Sicherheit gegen Störungen und Unfälle gegeben, da kein Gas austreten kann, wenn die Zündflamme nicht brennt und auch nicht, wenn die Wasserzufuhr unterbrochen wird.

Die Temperatur des ausströmenden Wassers wird durch die Durchlaufgeschwindigkeit bestimmt. Sie kann durch eine in der Kaltwasserleitung angeordnete Einstellschraube geändert werden. Je nach der Bauart der Geräte können Wassertemperaturen bis zu 90° C erzielt werden, doch liegen bei den üblichen Geräten die Temperaturen bei etwa 60—65° C.

Durchlauferhitzer werden neuerdings auch für feste Brennstoffe gebaut. Sie entsprechen in ihrem Aufbau dem einfachen „offenen“ Badeofen, jedoch ist der Wasserinhalt wesentlich geringer, etwa $^1/_3$ bis $^1/_5$ des einen normalen Badeofens. Der Wasserraum ist so ausgebildet, daß möglichst große Flächen entstehen, die von den Feuergasen bestrichen werden. Derartige Geräte werden wegen ihres geringen Raumbedarfs gerne in kleinen Wohnungen verwendet, da sie an der Wand des Badezimmers angebracht werden können.

Wo die Aufgabe entsteht, ein Heizmittel — Dampf oder hocherhitztes Wasser — zur Erzeugung warmen Wassers zu ver-

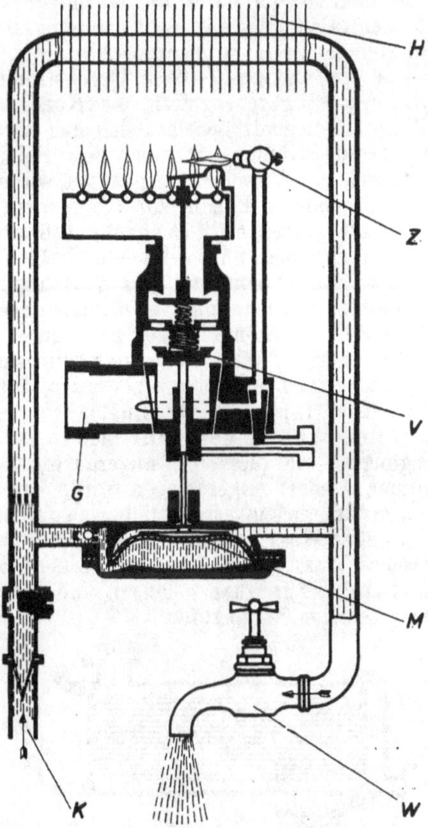

Abb. 146. Armatur eines Gas-Durchlauferhitzers (Vaillant)

wenden, werden sog. Wärmeaustauscher benutzt, d.h. Geräte, in denen die Wärme des Heizmittels auf das Wasser übertragen wird, ohne daß beide miteinander in Berührung kommen.

In dem sowohl zur Einzel-Warmwasserbereitung, wie auch in zentralen Warmwasserversorgungsanlagen vielfach benutzten Gegenstromgerät (Abb. 147), tritt das Heizmittel bei *A* ein und bei *B* nach Durchströmen des Rohrbündels wieder aus, gegebenenfalls als Kondenswasser. Der Name „Gegenstromgerät" erklärt sich aus der einander entgegengesetzten Strömungsrichtung von Heizmittel und Wasser, wodurch die Wärmeleistung erhöht wird.

In besonderen Fällen, vor allem, wenn es auf die Qualität des Warmwassers nicht so ankommt, erwärmt man das Wasser auch, indem man mit geeigneten Geräten Dampf unmittelbar in das Wasser einführt. Das Verfahren kann jedoch nicht empfohlen werden, zumal es oftmals unregelmäßig und unter starker Geräuschentwicklung arbeitet.

Für zentrale Warmwasserversorgungsanlagen, die an eine Zentralheizung angeschlossen werden, gilt grundsätzlich, daß der Kreislauf des Heizmittels von dem zu erwärmenden Wasser getrennt bleiben muß. Es ist also nicht angängig, wie dies von unverantwortlichen „Fachleuten" immer wieder vorgeschlagen wird, das Warmwasser einer Warmwasserheizung unmittelbar zu zapfen und entsprechend viel kaltes Wasser nachzuspeisen. Damit würde immer wieder frisches Wasser, das Gase und Mineralsalz enthält, in den Kreislauf der Heizung gelangen und dort Ablagerungen oder Anfressungen hervorrufen.

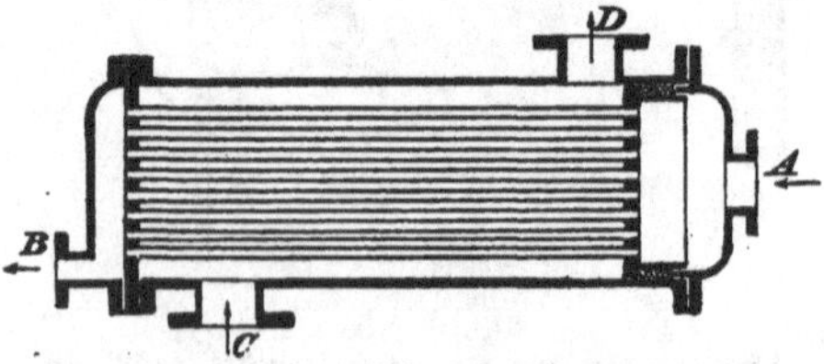

A Eintritt
B Austritt
des Heizmittels
C Eintritt
D Austritt
des zu erwärmenden Wassers

Abb. 147. Gegenstromgerät

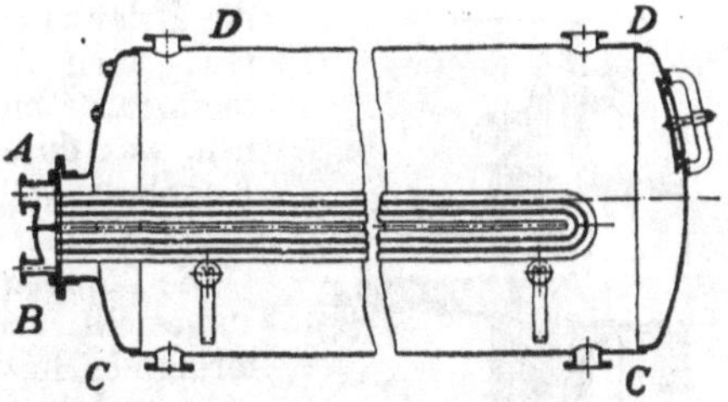

Abb. 148. Wärmeaustauscher mit Speicher (Boiler)

Meistens verwendet man für die Erwärmung des Wassers große Vorratsbehälter (Boiler), in denen sich eine Rohrschlange befindet, die von dem Heizmittel durchströmt wird (Abb. 148). Angaben über die Größenwahl der Vorratsbehälter siehe Bd. I, Abschn. 37.

Die Boiler werden meistens mit Wärmeschutz versehen, sofern sie nicht in Räumen angebracht sind, in denen man die Ausstrahlungen der Oberfläche des Behälters zu Heizzwecken benutzen will.

Für kleinere Wohnungen verbindet man häufig die Küchen-Feuerstätte mit einer kleinen Warmwasserversorgung, indem ein Küchenheizungsherd oder ein Herdkessel (vgl. Abschn. 11, Abb. 44 und 45) mit einem kleinen Warmwasserspeicher verbunden wird. Die Größe dieses Behälters wird oft so gewählt, daß ein Teil des benötigten warmen Wassers aus dem Speichervorrat entnommen und ein Teil im Durchlauf erhitzt wird. Üblicherweise werden solche Anlagen durch ein Schwimmkugelgefäß von der Kaltwasserdruckleitung abgesperrt.

Abschnitt 26

Pumpen für Warmwasserheizungen

Die an die in Warmwasserpumpenheizungen benutzten Pumpen zu stellenden Ansprüche wurden in Bd. I, Abschnitt 29 dargelegt.

Abb. 149 zeigt eine für diesen Verwendungszweck durchgebildete Kreiselpumpe. Sie wird mit dem zugehörigen Antriebsmotor (Elektromotor, Kleindampfturbine u. dgl.) meistens auf einem gemeinsamen Rahmen aufgebaut. Dabei ist darauf zu sehen, daß gegenseitige Beeinflussungen durch

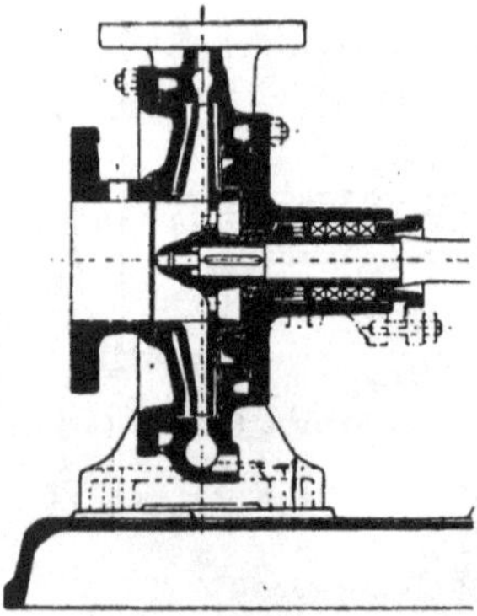

Abb. 149. Kreiselpumpe für Pumpenheizung

die Heizwasser- und gegebenenfalls auch die Turbinendampftemperatur nicht eintreten können, was durch genügend lange Kupplungswellen oder gekühlte Lager erreicht wird.

Die Pumpen werden immer so aufgestellt, daß ihnen das zu fördernde Heizwasser zufließt, sie dieses also nicht anzusaugen brauchen, so daß durch den entstehenden Unterdruck keine störende Dampfbildung eintreten kann. Aus diesem Grunde ist auch der Zulauf der Pumpe so gebaut, daß möglichst wenig Reibungswiderstand entstehen kann. Bei den Kreiselpumpen ist zu beachten, daß ihre Mengenleistung ansteigt, wenn die Pumpe nicht die Förderhöhe zu überwinden hat, für die sie vorgesehen war. Das kann so weit führen, daß der Antriebsmotor überlastet wird.

Kreisel- oder Schleuderpumpen sind als Förderpumpen gebaut. Sie liefern verhältnismäßig kleine Wassermengen gegen hohe Drücke. Bei Heizungsanlagen gebraucht man aber Umwälzpumpen, geeignet für große Wassermengen gegen geringe Drücke. Um dieser Forderung gerecht zu werden, hat man Schraubenrad-(Propeller-)Pumpen auf den Markt gebracht. Diese haben große Anschlußwerte, geringen Durchflußwiderstand bei Stillstand, und ihre Motoren werden bei niedrigerem Druck als vorgesehen war nicht überlastet. Mengenleistung und Förderhöhe (Druck) stellen sich selbsttätig ein, und bei absinkendem Druck fällt die Leistungsaufnahme des Antriebsmotors, wogegen sie bei einer Kreiselpumpe ansteigen würde.

Bis vor etwa 15 Jahren benutzte man Kreiselpumpen als Umwälzpumpen für große Heizungsanlagen (mittlere und kleine Anlagen werden — von Ausnahmen abgesehen — heute stets als Schwerkraftanlagen ausgebildet). Sie wurden im

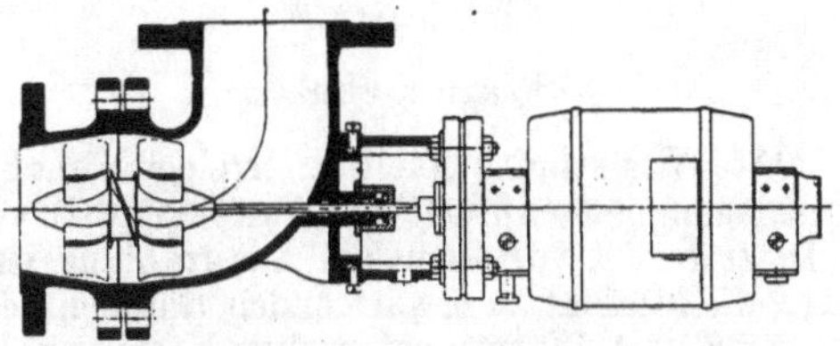

Abb. 150. Wilopumpe

Nebenstrom eingebaut. Absperr- und Regelgeräte waren erforderlich. Der freie Umlauf des Wassers war bei stillstehender Pumpe nicht gewährleistet. Das hat sich seit Einführung der Schraubenrad-Umwälzpumpen geändert. Wilhelm Opländer brachte als erster eine solche Schraubenradpumpe, die Wilopumpe (Abb. 150), auf den Markt. Sie wird als Rohrkrümmer in die Hauptleitung einer Heizungsanlage eingebaut, gleichgültig, welchen Umfang diese hat, und dient nun als wertvolles Betriebsmittel.

Durch den zusätzlichen Umlaufdruck wird schnellere Wassergeschwindigkeit, rascheres Anheizen, größere Leistung der Heizkörper und Freizügigkeit in der Führung der Rohrleitungen erzielt. Die Betriebssicherheit der Anlage wird dadurch gewährleistet, daß bei stillstehender Pumpe der (Schwerkraft-)Wasserumlauf nicht aufgehoben wird.

Der Einzelwiderstand der stillstehenden Pumpe ist bei der Rohrberechnung zu berücksichtigen. Er beträgt für kleine Wilopumpen $\xi = 5$, für mittlere $\zeta = 4$ und für große $\zeta = 3$.

Bei der Auswahl der Pumpen lasse man sich von den Herstellern genaue Angaben über Kraftverbrauch und Verhalten der Pumpen bei allen verschiedenen Leistungen und Förderhöhen, die sich aus dem Betrieb der Heizungsanlage ergeben können, machen. Man kommt sonst u. U. zu der Erfahrung, daß die Pumpe zwar bei einem bestimmten Betriebszustand einwandfrei arbeitet, bei einem anderen, etwa der Abschaltung eines Teiles der Anlage, völlig versagt.

Abschnitt 27

Wärmeschutz

Um höchste Wirtschaftlichkeit zu erreichen, muß bei den Heizungsanlagen jeder unnötige Wärmeverlust vermieden werden. Dazu gehört vor allem die Ausstrahlung jener Teile der Anlage, die in nicht zu erwärmenden Räumen liegen, also vor allem der Kessel, Wärmeaustauscher, Verteilungsleitungen in Keller und Dachgeschoß usw. Man versieht sie deshalb mit Wärmeschutz (Wärmeabdämmung, Isolierung).

Der Wärmeschutz erfolgt zumeist durch Ummantelung mit solchen Werkstoffen, die die Wärme schlecht fortleiten, also eine niedrige Wärmeleitzahl haben[1]). Die Leitzahl dieser sog. Wärmeschutzmassen hängt weitgehend von ihrem Raumgewicht und ihrer Porigkeit ab. Je leichter und porenreicher der Stoff ist, desto besser ist der Wärmeschutz.

Die folgende Zusammenstellung gibt hierüber einen Überblick:

Zahlentafel 6

	Raumgewicht	Wärmeleitzahl
Korkklein	45 kg/m³	0,032 bei 20°
Korkplatten	150 kg/m³	0,040 bei 20°
Korkplatten	300 kg/m³	0,054 bei 20°
Seidenzopf	150 kg/m³	0,042 bei 20°
Torfmull, trocken	190 kg/m³	0,041 bei 20°
Sägemehl	210 kg/m³	0,062 bei 20°
Kieselgurmasse	500 kg/m³	0,076 bei 100°
Kieselgurmasse	600 kg/m³	0,093 bei 100°
Kieselgurmasse	700 kg/m³	0,111 bei 100°
Kieselgurmasse	800 kg/m³	0,130 bei 100°
Schlackenwolle	420 kg/m³	0,073 bei 100°
Glaswolle, gestopft . . .	410 kg/m³	0,064 bei 100°
Glas, glattgel. Fasern . .	220 kg/m³	0,043 bei 100°
Naturbims	300 kg/m³	0,085 bei 50°
Naturbims	600 kg/m³	0,170 bei 50°

[1]) Die Wärmeleitzahl bezeichnet diejenige Wärmemenge in kcal, die in einer Stunde durch 1 m² einer 1 m starken Schicht bei 1° Temperaturunterschied zwischen beiden Seiten hindurchgeht.

Mit steigender Temperatur nimmt die Wärmedurchlässigkeit meistens etwas zu.

Die Wärmeschutzmassen organischer Herkunft sind durchschnittlich wirksamer als die anorganischer, widerstehen dafür aber höheren Temperaturen nicht so gut. Man verwendet deshalb häufig zusammengesetzte Umhüllungen, die so hergestellt werden, daß zunächst ein gegen höhere Temperatur widerstandsfähiger Unterstrich gemacht und darüber eine Schicht gebracht wird, die besseren Schutz bietet. Mitunter legt man zwischen beide ein Drahtgewebe, so daß ein Hohlraum entsteht. Dadurch wird die schützende Wirkung einer unbewegten Luftschicht ausgenutzt.

Da die Schutzmassen meistens gegen Stoß und Berührung sehr empfindlich sind, werden sie mit Nessel- oder Jutegeweben umwunden, die mit Leim- oder Ölfarbe oder auch mit Asphaltlack gestrichen werden. Ist Schutz vor Feuchtigkeit erforderlich, so geschieht das meist durch Umwickelung mit Teerpappe und ähnlichen Stoffen. Kanten werden durch aufgezogene Blechringe besonders geschützt.

Die steigende Anwendung der geschweißten Rohrverbindungen brachte einen wesentlichen Fortschritt in der Wärmeschutztechnik mit sich. Die Schweißstellen können nämlich, nachdem man sich von ihrem Dichthalten überzeugt hat, einfach durchgehend mit der Leitung umhüllt werden. Bei den Flanschenverbindungen ist das nicht möglich, da sie dauernd überwacht werden müssen. Sofern bei diesen ein Wärmeschutz angebracht wird, müssen kostspielige, abnehmbare Kappen aus Blech verwendet werden.

Man kann durch gute Wärmeschutzmassen die Wärmeabgabe eines geschützten Rohres fast gänzlich unterbinden. Das führt jedoch zu sehr großen Wandstärken und damit zu hohen Anlagekosten. Deshalb pflegt man sich als Höchstwert zumeist mit einer Verringerung der Wärmeabgabe auf $^1/_{10}$ der des ungeschützten Rohres zufrieden zu geben. Unter Zugrundelegung dieses Wertes sowie des Rohrdurchmessers, des Temperaturgefälles zwischen innen und außen und der Betriebsdauer, läßt sich die sog. wirtschaftliche Isolierstärke errechnen, d. h. ein Wert, der die Stärke der Schutzschicht angibt, die für normale Verhältnisse sowohl in der Anlage wie auch im Betriebe die größte Wirtschaftlichkeit ergibt.

Nach Cammerer ergeben sich hierfür folgende Werte, unter der Voraussetzung, daß die zu schützenden Leitungen im Innern von Gebäuden liegen und nicht dem unmittelbaren Windanfall ausgesetzt sind:

Zahlentafel 7

lichte Weite der Rohre	wirtschaftliche Isolierstärke bei Temperaturunterschied zwischen Rohrinnerem und Luft	
	50°	100°
10 bis 20 mm	20 mm	20 mm
20 bis 30 mm	20 mm	30 mm
30 bis 45 mm	30 mm	40 mm
45 bis 70 mm	30 mm	50 mm
70 bis 100 mm	40 mm	60 mm

Ein Unterschreiten obiger Wärmeschutzstärken hat also bei normalen Heizungsanlagen erhöhte Betriebsausgaben zur Folge.

IV. Teil

Ausführung der Lüftungsanlagen

Abschnitt 28

Ausbildung der Kanäle

Für die Ausbildung der Lüftungskanäle sind außer den Gesichtspunkten, die dafür bereits in Bd. I, Teil IV angegeben wurden, auch sinngemäß die in Abschn. 10 dieses Bandes bei den Luftheizungen aufgeführten Grundsätze maßgebend. Ebenfalls werden die Ein- und Austrittsöffnungen der Kanäle genau so ausgebildet wie die der Luftheizungskanäle.

Da einerseits bei den Lüftungsanlagen zur Vermeidung von Zugerscheinungen die Luftaustrittsgeschwindigkeit einen bestimmten Wert nicht überschreiten soll (Bd. I, Abschn. 38), andererseits aber die Luftgeschwindigkeit in den Kanälen meistens höher gewählt wird, um die Querschnitte nicht zu groß werden zu lassen, muß die Austrittsgeschwindigkeit herabgesetzt werden. Das kann, wie bereits angeführt, durch Verteilung des Austritts auf viele kleine Öffnungen geschehen. Ein anderer Weg, der ebenfalls häufig mit gutem Erfolg beschritten wird, ist die Verwendung sog. Anemostaten (Abb. 151). Die Luft durchströmt bei diesen eine Reihe ineinandergesteckter kegelförmiger Blechrohrstutzen, die sich düsenförmig erweitern, so daß die Luft ihre Geschwindigkeit verliert und über einen großen Querschnitt verteilt wird.

Die Wirkung der sog. Windhauben beruht, wie der Name besagt, auf der Ausnutzung der Windkraft zum Ansaugen der abzuleitenden Windmengen. Da wirklich windstille Tage nur selten vorkommen, kann immer mit dieser Wirkung gerechnet werden, wenn auch die Stärke des erzeugten Zuges von der Windgeschwindigkeit abhängt. Wichtig ist es, die Windhauben so auszubilden, daß bei Windstille durch sie nicht eine Behinderung des Luftaustritts eintritt.

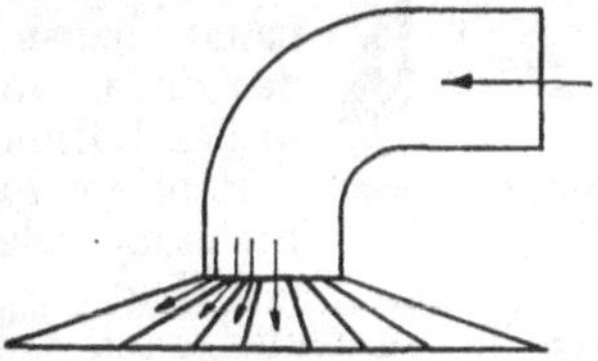

Abb. 151. Luftverteiler (Anemostat)

Der von Wolpert entwickelte Saugkopf (Abb. 152) ist das Vorbild einer großen Anzahl verschiedener Bauarten geworden. Seine Arbeitsweise ist leicht verständlich. Der an der Windseite auf die gekrümmte Fläche auftreffende Wind wird umgelenkt und übt dadurch auf die ringförmigen Öffnungen *a* und *b* eine saugende Wirkung aus. Der seitlich vorbeiströmende Wind ruft an der entgegengesetzten Seite bei *c* und *d* ebenfalls eine Saugwirkung hervor.

Es ist aber darauf zu achten, daß der Gesamtquerschnitt der Austrittsöffnungen zusammen größer sein muß als der

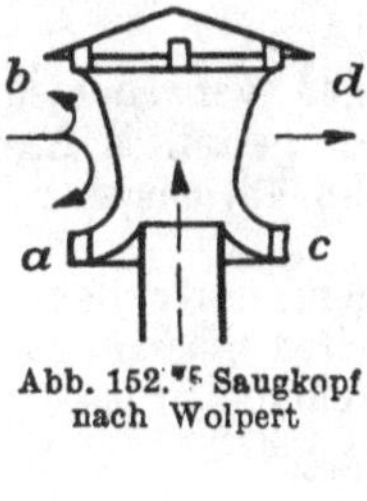

Abb. 152. Saugkopf nach Wolpert

Abb. 153. Saugkopf (Käuffer)

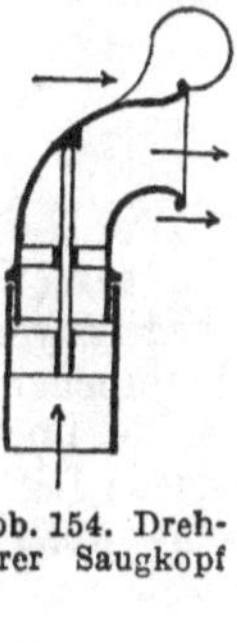

Abb. 154. Drehbarer Saugkopf

des anschließenden Kanals, damit nicht Stauungen der austretenden Luft entstehen können. Bei größeren Lüftungsanlagen vereinigt man häufig mehrere Abluftkanäle in einen gemeinsamen Saugkopf (Abb. 153).

Eine andere Ausführungsform zeigt Abb. 154. Bei dieser ist der obere Teil drehbar und mit einer kleinen Windfahne versehen, die bewirkt, daß die düsenartig wirkende Saugöffnung immer entgegen der Windrichtung eingestellt wird.

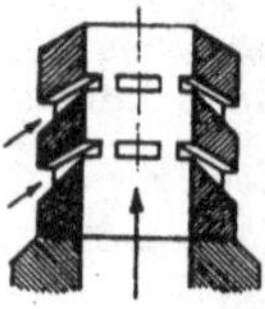
Abb. 155. Saugkopf aus Formsteinen

Alle diese Saugköpfe, auch Deflektoren genannt, haben zugleich den Vorteil, daß sie den Einfall von kalter Luft oder Regenwasser in den Lüftungskanal verhindern.

Häufig werden Saugköpfe aus Formsteinen, Steinzeug oder Blech angeboten, bei denen der Wind durch seitliche düsenförmige Öffnungen in den verlängerten Luftkanal eintreten und dadurch eine Zugvermehrung bewirken soll (Abb. 155). Vor derartigen Einrichtungen muß gewarnt werden. Die durch die Düsen eintretende Luft vermehrt nicht nur die abzuführende Luftmenge, sondern ruft durch Wirbelbildung erhebliche Störungen des Abluftstromes hervor, die durch die auf der Gegenseite liegenden Düsen nur noch vermehrt werden. Es tritt sehr leicht statt der zugvermehrenden eine zugvermindernde Wirkung ein, selbst dann, wenn der Querschnitt dieses Saugkopfes größer ist als der des anschließenden Kanalstückes.

Abschnitt 29

Lüfter

Die Grundformen der in Lüftungsanlagen verwendeten Lüfter (Ventilatoren), sowie die an diese gestellten Anforderungen, wurden bereits in Bd. I (Abschn. 43) eingehend besprochen.

Die unterschiedlichen Betriebsbedingungen, unter denen solche Lüfter in den einzelnen Anlagen arbeiten müssen, hat eine große Reihe verschiedener Bauformen entstehen lassen,

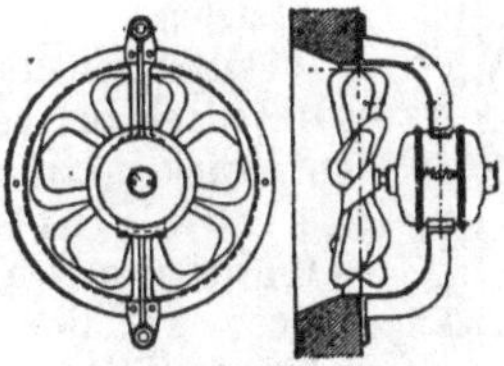

Abb. 156. Schraubenlüfter mit Bandeisenflügeln

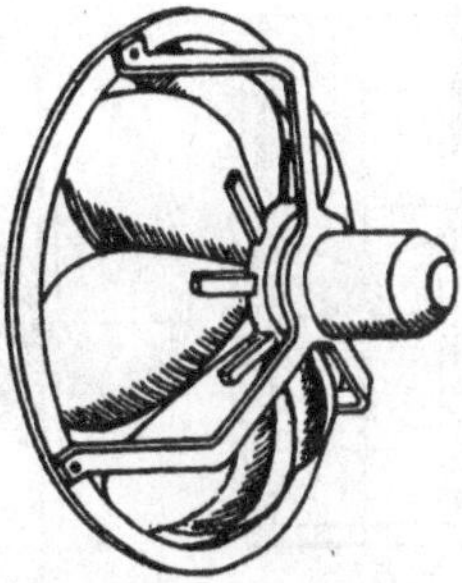

Abb. 157. Schraubenlüfter mit muldenförmigen Schaufeln

die zum Teil erheblich von den in Bd. I, S. 134 gezeigten Grundformen abweichen. Es sei deshalb an dieser Stelle noch einmal auf die Wichtigkeit einer eingehenden Prüfung der vorliegenden Betriebsbedingungen vor Anschaffung des Lüfters hingewiesen, damit nicht ungeeignete oder unzureichende Ausführungen beschafft werden.

Die Abb. 27, Bd. I, zeigte die Grundform eines Schraubenlüfters in der bekannten Bauart. Infolge der erheblichen Schleuderwirkung der Flügel ist der erzielbare Druck nur gering. Sie werden deshalb nur dort benutzt, wo die Luft nicht durch Kanäle oder Rohre strömen muß. Durch besondere Gestaltung der Flügel können höhere Drücke erreicht werden. Wie weit die Bauarten auseinandergehen, zeigen Abb. 156 und 157. Bei Abb. 156 bestehen die Flügel aus leichten Bandeisenstreifen, die der Luft nur geringen Widerstand entgegensetzen. Werden sie federnd ausgebildet, so stellen sie sich selbsttätig in die strömungstechnisch günstigste Lage ein. Bei Abb. 157 wird eine höhere Druckleistung durch muldenförmige Ausbildung der Flügel erreicht.

Diese technisch guten Grenzformen werden allerdings nur wenig verwendet. Bei den im allgemeinen benutzten einfachen flachen Schrägschaufeln ist es jedoch gelungen, durch geeignete Ausbildung der Schaufeln und Wahl der Umdrehungszahlen sowie durch Einbau besonderer Dämpfungselemente

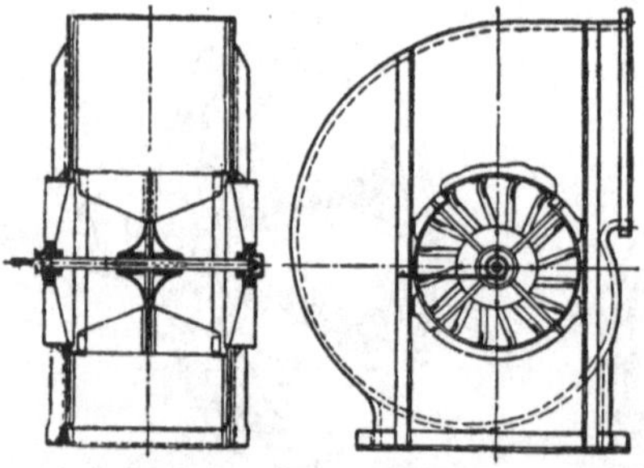

Abb. 158. Schleuderlüfter (Siemens-Schuckert)

erhebliche Leistungssteigerungen (bis 20 mm WS) und Geräuschminderungen zu erzielen.

Im allgemeinen geht man jedoch bei höheren Drücken zu den Schleuderlüftern — Gebläsen — über. Ebenso wie bei den Schraubenlüftern, hat man bei diesen durch strömungstechnisch richtige Durchbildung der Schaufelformen und des Luftzu- und -austritts erhebliche Verbesserungen sowohl der Leistung wie auch der Geräuschlosigkeit erzielen können.

Man ist dabei zu recht unterschiedlichen Formen gekommen. So zeigt z. B. die Abb. 158 eine Bauart mit großen und breiten Schaufeln und doppelseitiger Luftzuführung. Bei dem in Abb. 159 dargestellten Lüfter ist das Schaufelrad zu einem umlaufenden Kranz schmaler Blechschaufeln geworden, so daß die Zuführung der Luft nicht durch die Achse und die Schaufelarme behindert wird. Zwischen den beiden

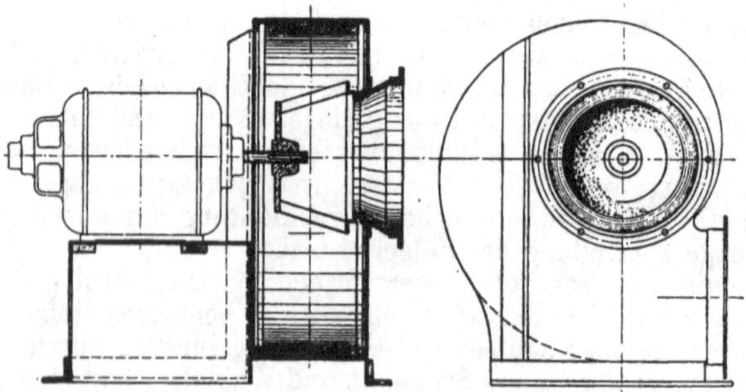

Abb. 159. Schrägschaufelgebläse (Schiele)

gezeigten Bauformen gibt es eine große Anzahl anderer zweckmäßiger Ausführungen.

Bei sehr großen Schraubenlüftern verwendet man vielfach an Stelle der Blechgehäuse solche aus Eisenbeton. Dadurch werden die Eigenschwingungsgeräusche der Gehäuse ausgeschaltet und zugleich der Anschluß an die in diesem Falle ebenfalls aus Beton hergestellten Kanäle vereinfacht.

Der Antrieb der Lüfter erfolgt heute durchweg mit Elektromotoren. Diese werden entweder unmittelbar auf die Welle gesetzt oder, vor allem bei größeren Anlagen, durch ein Vorgelege (Riementrieb u. dgl.) mit dem Lüfter verbunden.

Abschnitt 30
Wetterfertiger

Die ständig steigende Verwendung der Wetterfertiger (Klimaanlagen) läßt es angebracht erscheinen, an dieser Stelle einen kurzen Überblick über diesen jüngsten und aussichtsreichen Zweig der Lüftungstechnik zu geben.

Wiederholend sei hier kurz angeführt, daß, wie ihr Name besagt, die Wetterfertiger die Aufgabe haben, innerhalb geschlossener Räume bestimmte Lufttemperatur- und -feuchtigkeitsverhältnisse unabhängig von der im Freien herrschenden Witterung zu schaffen. Der Grund zu dieser Bewetterung ist das Bestreben, für die Benutzer der Räume besonders zuträgliche Luftverhältnisse zu schaffen, und sie vor den Auswirkungen der Wetterschwankungen im Freien zu bewahren. In Versammlungs- und Festsälen soll erreicht werden, daß der Aufenthalt darin jederzeit möglichst angenehm und nicht mit gesundheitlichen Störungen, wie sie durch Wärmestau usw. hervorgerufen werden, verbunden ist. Schließlich ist auch oft die Art der in einem Raume ausgeführten Arbeiten oder die darin aufbewahrten Gegenstände die Ursache für die Einführung der Wetterfertigung. Hier kann der Schutz vor Witterungseinwirkungen oder die Einhaltung gleichmäßiger Luftverhältnisse von ausschlaggebender Bedeutung sein. Es sei in diesem Zusammenhang nur an die Aufbewahrung wertvoller Museumsgüter und an die Textil- und Tabakwarenherstellung erinnert.

Im folgenden seien die von einer Wetterfertigungsanlage zu bewirkenden Aufgaben angeführt, wobei bezüglich der theoretischen Grundlagen und Berechnungsarten auf die entsprechenden Abschnitte über Luft, Luftheizungsanlagen und Lüftung im ersten Band hingewiesen werden muß.

1. Innehaltung einer bestimmten Temperatur der Raumluft,
2. Innehaltung eines bestimmten Feuchtigkeitsgehaltes dieser Luft,
3. ausreichende Versorgung mit frischer und reiner Luft,
4. richtige und zugfreie Verteilung der zugeführten Luft.

In manchen Fällen wird man durch die Wetterfertigeranlage während der kalten Jahreszeit die gesamte Beheizung der bewetterten Räume bewirken wollen, d. h. sowohl die Erwärmung des Rauminnern wie auch die Deckung der Wärmeverluste durch die Umschließungen, während man in anderen die Deckung der Grundlast durch eine Heizungsanlage vornimmt und dem Wetterfertiger nur die Behandlung (Konditionierung) der Luft überläßt.

Weiterhin ist zu unterscheiden zwischen Anlagen, die jederzeit, und solchen, die nur im Sommer zur Kühlung und Anfeuchtung der zugeführten Luft oder nur im Winter zur Erwärmung im Betrieb sein sollen.

Nach diesen Anforderungen richtet sich die Größe und der Aufbau der Einlage. Dementsprechend müssen also Einrichtungen vorhanden sein zur:

Zuführung von Frischluft
Reinigung der Luft,
Erwärmung der Luft,
Kühlung der Luft,
Trocknung der Luft,
Anfeuchtung der Luft,
mengenmäßig und örtlich richtigen Verteilung der behandelten Luft,
Abführung der verbrauchten Luft, gegebenenfalls ihre Wiederverwendung als Umluft.

Die Reinigung der entweder als Frischluft, als Umluft oder auch als Mischung dieser beiden zugeführten Luft erfolgt durch Staubkammern und Luftfilter (vgl. Abschn. 10). Dem Filter sind erforderlichenfalls Drossel- und Mischklappen vorzuschalten. Die Erwärmung der Luft erfolgt in einem entweder mittelbar durch ein Heizmittel (Dampf oder Warmwasser) oder unmittelbar durch die Verbrennung von Gasen oder elektrische Energie beheizten Lufterhitzer (vgl. Abschn. 8).

Die Kühlung der Luft geschieht in einem Kühlgerät. Dieses ähnelt im Aufbau einem durch Dampf oder Warmwasser betriebenen Lufterhitzer, nur läßt man statt des Heizmittels eine Kühlflüssigkeit durch die Rohre strömen. In manchen Anlagen werden Lufterhitzer und -kühler vereinigt und je nach Bedarf benutzt. Als Kühlmittel verwendet man kaltes Wasser, wo dieses zur Verfügung steht. Reicht dessen Temperatur nicht aus, so müssen Kältemaschinen benutzt werden. Entweder wird dann das Wasser in der Kühlmaschine auf die erforderliche Temperaturher abgekühlt, oder aber man läßt die Kühlflüssigkeit der Kühlmaschine unmittelbar durch den Luftkühler fließen.

Mit der Kühlung ist meistens auch die Notwendigkeit verbunden, die Luft zu trocknen. Diese Trocknung erfolgt (vgl. Bd. I, S. 125) entweder durch Unterkühlung unter den Taupunkt, so daß die überschüssige Feuchtigkeit ausfällt, verbunden mit einer nachfolgenden Wiederaufwärmung auf die Gebrauchstemperatur, oder aber auf chemischem Wege. Man läßt die Luft dann an stark hygroskopischen Körpern vorbeistreichen, die entsprechend der Strömungsgeschwindigkeit mehr oder minder große Teile der Feuchtigkeit aufnehmen. Derartige Anlagen sind aber recht kostspielig. Außerdem müssen sie doppelt für wechselweisen Betrieb vorhanden sein, da die hygroskopischen Stoffe (Chlorkalk, SiO_2-Silica-Gel. u. a.) nach einer gewissen Zeit gesättigt sind und dann erst wieder durch Erhitzen aufgefrischt werden müssen.

Die Anfeuchtung der Luft geschieht in einfachster Weise, indem man sie durch mit Wasser berieselte Tropfkörper strömen läßt oder mit fein vernebelten Wasserschleiern anfeuchtet.

Die Verteilung der behandelten Luft an die Verbrauchsstellen wird durch einen Lüfter (vgl. Abschn. 29), der an geeigneter Stelle eingebaut wird, und anschließende Luftkanäle, für die grundsätzlich das in Bd. I sowie in Abschn. 28 dieses Bandes Gesagte gilt, übernommen.

Abschnitt 31

Aufbau der Wetterfertiger

Abb. 160 zeigt den Aufbau einer großen Wetterfertigeranlage, wie sie heute vielfach zur Bewetterung von Festsälen, Museen, Fabrikanlagen u. dgl. verwendet werden. Die eingeführte Luft tritt als Frischluft *F* oder Umluft *U* in die Anlage ein. Jalousieklappen *J* ermöglichen eine Drosselung und Mischung. Aus der ersten Kammer, die gleichzeitig als Staubkammer dient, strömt die Luft durch das Filter *Fi*, den Lufterhitzer *E* und den Luftkühler *K* in die Befeuchtungskammer, in der durch an der Decke angebrachte Vernebelerdüsen die Anfeuchtung der Luft erfolgt. Dann strömt die Luft durch den Nachwärmer *NW*, der für die Lufttrocknung durch Unterkühlung erforderlich ist, und wird durch den Lüfter *L* als Gebrauchsluft *G* an die Verbrauchsstellen gefördert. Das Heizmittel tritt durch die Leitung *H*, die Kühlflüssigkeit bei *Kf* und das Wasser bei *W* in die Anlage. Die Anfeuchtungskammer muß mit einem Abfluß für das überschüssige Wasser versehen sein. Alle Kammern der Anlage sind durch die Türen *T* begehbar, damit sie leicht und einwandfrei gereinigt werden können. Die Wände der Kammern werden sauber

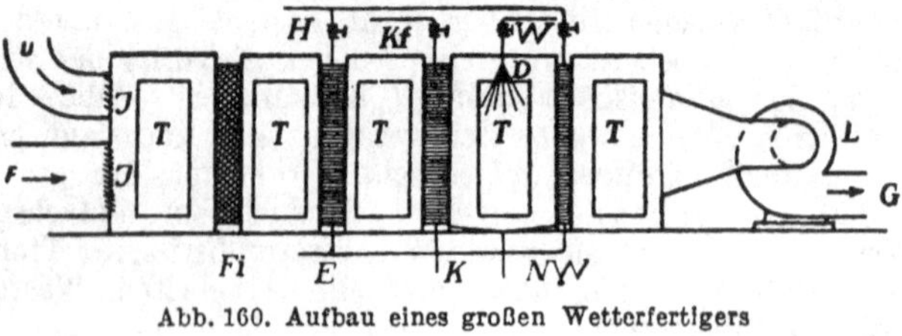

Abb. 160. Aufbau eines großen Wetterfertigers

und glatt gestrichen, besser noch ausgekachelt, damit sie mit feuchten Tüchern abgewischt werden können.

Während sich die zentralen Wetterfertigungsanlagen für Versammlungssäle, Gaststätten u. dgl. auch bei uns durchgesetzt haben, scheute man sich wegen der hohen Anlagekosten und des beträchtlichen Wartungsaufwandes, derartige Anlagen auch für die Bewetterung kleiner Räume und der häuslichen Wohnungen zu verwenden. In den letzten Jahren sind nun, ausgehend von den Vereinigten Staaten, wo die starken klimatischen Schwankungen eher das Bedürfnis dazu wachgerufen haben, Einzelwetterfertiger (Raumklimageräte) entstanden. Es entstanden Geräte, die auf kleinem Raum und in einer gefälligen äußeren Form alle wesentlichen Teile eines Wetterfertigers enthalten. Sie nehmen nicht viel mehr Raum ein als ein normaler Heizkörper und sind auch nicht schwieriger einzubauen als ein solcher.

Die Aufbereitung der Raumluft (Erwärmung, Anfeuchtung, gegfs. Trocknung) erfolgt an Ort und Stelle. Damit fallen alle baulichen Anlagen, wie Lüftungskanäle usw., fort, wenn man von einer kurzen Zuluftleitung bei Frischluftbetrieb und einem Abluftkanal für die verbrauchte Luft absieht (auf den aber häufig verzichtet werden kann). Der Betrieb ist völlig geräuschlos. Die Regelung erfolgt durch wenige Handgriffe je nach Wünschen der Rauminsassen, jedoch wird meistens eine gewisse Selbsttätigkeit der Regelung vorgesehen.

Die Aufstellung der Geräte erfolgt meistens unter den Fenstern, da so die Ansaugeöffnung für Frischluft sehr einfach gestaltet werden kann.

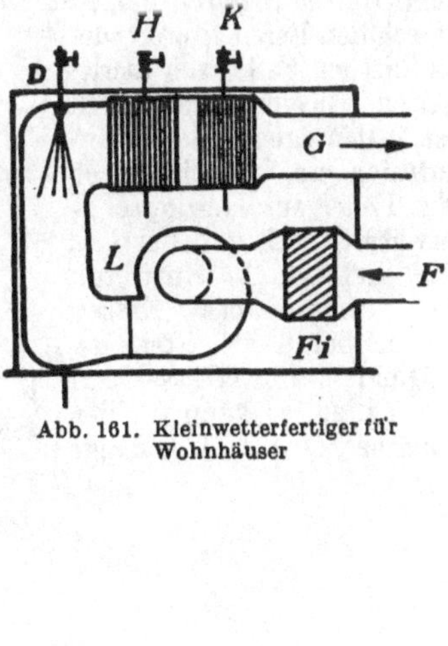

Abb. 161. Kleinwetterfertiger für Wohnhäuser

Den Aufbau einer Kleinwetterfertiger-Anlage für das Privathaus zeigt Abb. 161. Die Frischluft F wird durch das Filter Fi von dem Lüfter L angesaugt und durch den Lufterhitzer *H* sowie den Luftkühler *K* als Gebrauchsluft in die Verteilungskanäle gedrückt. Die Anfeuchtung erfolgt mittels der Vernebelerdüse *D*. Auf eine Lufttrocknung wurde verzichtet, sie ist aber im Bedarfsfalle durch Unterkühlung möglich. Kühler und Lufterhitzer müssen dann nur in der Reihenfolge vertauscht werden. Der Filtereinsatz *Fi* ist auswechselbar, damit er leicht gereinigt werden kann.

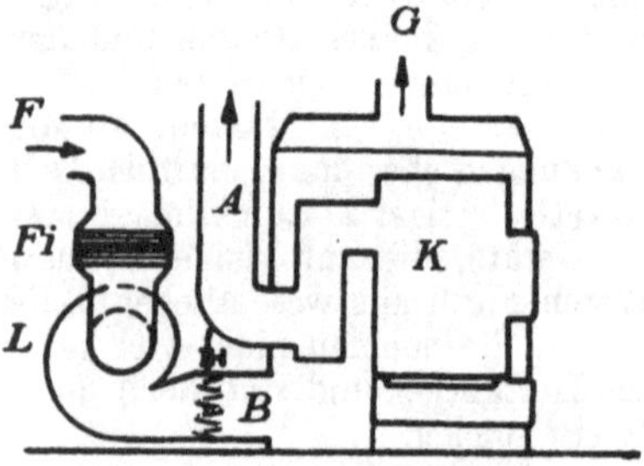

Abb. 162. Vorsatzluftveredeler für eine vorhandene Luftheizung

Solche Kleinwetterfertiger werden schon mit einer Wärmeleistung von etwa 6000 kcal/h geliefert. Neben der Entwicklung derartiger Geräte war man aber auch bestrebt, einfache Zusatzgeräte zu schaffen, um vorhandene Luftheizungsanlagen zu Wetterfertigern auszubauen.

Einen einfachen Vorsatz zum Luftveredeler-Ausbau einer vorhandenen Luftheizungsanlage zu einem Wetterfertiger gibt Abb. 162 wieder. Die Frischluft *F* wird wiederum von dem Lüfter *L* durch das Filter *Fi* angesaugt und tritt dann durch den Befeuchter *B*, der in diesem Falle aus berieselten Blechen hergestellt ist, in den eigentlichen Feuerluftofen ein, wo sie durch das Feuer im Heizkessel *K* erwärmt wird, und bei *G* in die Luftkanäle einströmt. Die Abgase des Kessels ziehen bei *A* ab. Steht genügend kaltes Wasser zur Verfügung, so kann für den Sommer eine Kühlschlange

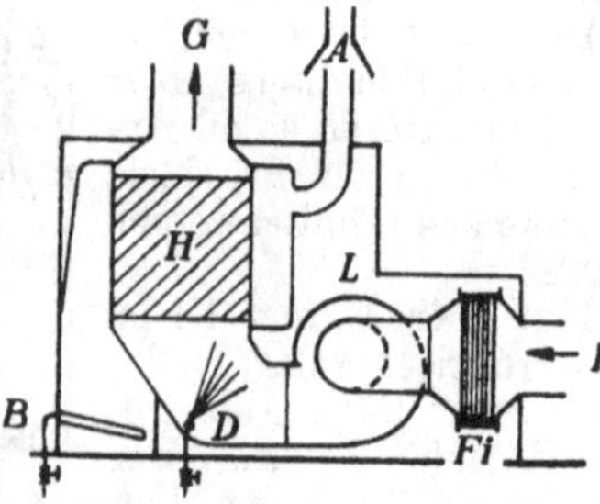

Abb. 163. Gasbeheizter Kleinwetterfertiger für Winterbetrieb

eingebaut werden. Durch solche Vorsätze ist es möglich, auch die Leistung alter Luftheizungsanlagen erheblich zu verbessern, weil der Übergang von der Auftriebsluftheizung zum Zwangsumlauf der Luft eine bessere und gleichmäßigere Ausnutzung der Anlage ermöglicht.

Abb. 163 zeigt einen Kleinlufterhitzer, der die Bewetterung des Privathauses zur Winterzeit bewirkt. Der Weg der Luft ist wiederum der gleiche wie in den vorbeschriebenen Anlagen. Kühlung und Trocknung ist nicht vorhanden. Die Beheizung erfolgt durch Gas, das im Brenner *B* verbrannt wird.

Andere Anlagen werden mit Öl oder auch mit elektrischer Energie betrieben. Sie entsprechen in ihrem Aufbau den obigen Anlagen. Es konnte deshalb auf eine Wiedergabe an dieser Stelle verzichtet werden.

V. Teil

Bauarbeiten

Abschnitt 32

Ausführung der Hausschornsteine

(Berechnung s. Bd. I, Abschn. 11)

Um die Verluste durch Reibung an den Wänden möglichst niedrig zu halten, soll der Querschnitt des Hausschornsteines (Rauchrohr) so gewählt werden, daß sein Umfang möglichst gering wird, also rund oder quadratisch. Die Innenwand soll glatt sein. Wenn auch ihr Einfluß auf die Rohrreibungsverluste infolge des sich absetzenden Rußes bald zurücktritt, so gewährleistet doch die Forderung nach glatter Innenfläche eine sorgfältige Ausführung und gute Abdichtung, auf die großer Wert gelegt werden muß.

Wenn die Verhältnisse es zulassen, soll der Schornstein ohne jede Verengung senkrecht von unten nach oben durchgeführt werden. Ist ein „Schleifen", d. h. schräger Verlauf, nicht zu umgehen, so darf die Abweichung von der Senkrechten keinesfalls größer als 30° sein. Hierbei muß jede Verengung des Querschnittes vermieden werden. Ebenso sind durch das Aufeinandersetzen der Mauersteine in schräger Richtung entstehende treppenförmige Absetzungen zu vermeiden oder auszugleichen.

Der Schornstein soll benachbarte Dachfirste u. dgl. überragen, da sonst leicht durch über diese einfallende Windströmungen Störungen und Zugunterbrechungen eintreten können[1]). Aber nicht nur hierdurch, sondern auch bei zu weiten, d. h. zu schwach betriebenen Schornsteinen können Zughemmungen entstehen. Dann fallen kalte Luftströme ein, oder es bilden sich Wirbelungen im Zugstrom aus. Hier sind Saugköpfe, gegebenenfalls mit Verengung des freien Querschnittes, am Platze.

Allgemein können aber die Austrittsverhältnisse eines Schornsteines in einfachster Weise erheblich verbessert werden und auch oftmals die geschilderten Mängel abgestellt werden. Das geschieht, indem man einfach die Mündung des Schornsteines kegelförmig ausbildet (Abb. 164). Auf diese einfache aber wirkungsvolle Maßnahme sollte man nie verzichten.

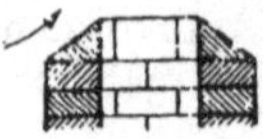

Abb. 164. Zweckmäßige Schornsteinmündung

Zugmangel kann aber auch andere Ursachen haben. Der Schornstein kann im Verhältnis zur Inanspruchnahme zu eng oder zu niedrig sein, dann ist eine Erhöhung angebracht. Die Zugstärke nimmt aber nur bei beträchtlichen Erhöhungen zu, die man vielfach nicht ausführen kann, zumal sie nur dann nützlich sind, wenn die volle Weite beibehalten wird. Die häufig zu findende Verlängerung größerer Schornsteine durch kleinere Tonröhren ist zwecklos. Sicherer ist in diesen Fällen eine Zugvermehrung durch Anwendung von Saugköpfen (Abschn. 28).

An warmen Tagen kann bei schwach benutzten Schornsteinen die starke Erwärmung des oberen Teiles und der umgebenden Luft zu Stauungen Veranlassung geben, die sich ebenfalls als Zugmangel auswirken. Dann ist beim Anheizen im oberen Teil des Schornsteines ein sog. „Lockfeuer" anzuzünden, damit die träge Luftmasse im Schornstein erwärmt und in Bewegung gesetzt wird.

Zur Vermeidung von Abkühlungsverlusten sind die Schornsteine möglichst nebeneinander im Inneren der Gebäude anzuordnen. Die Dicke des Schornsteines soll bei Ofenfeuerung nicht unter $^1/_2$ Stein, bei Zentralheizungen nicht unter 1 Stein liegen. In ungeheizten Dachgeschossen und über dem Dachfirst ist in jedem Falle eine Wanddicke von 1 Stein (= 25 cm) zur Vermeidung von Abkühlungsverlusten zu empfehlen.

Hinsichtlich der Berechnung der Schornsteine vgl. Bd. I, Abschn. 11. Bei Ofenheizung können folgende Überschlagswerte verwendet werden: An ein Rauchrohr von 225 cm² Querschnitt

[1]) In der Nähe liegende Anhöhen, Baumgruppen und Gebäude können die gleiche Wirkung hervorrufen. Dann muß von Fall zu Fall, je nach den vorliegenden Umständen, entschieden werden, welche Hilfsmittel zur Behebung der Störungen anzuwenden sind.

können bis zu 3 Zimmeröfen angeschlossen werden, jeder weitere Ofen erfordert mindestens 75 cm^2, jeder Kochherd 150 cm^2. Möglichst ist ein Rauchrohr nur für die Öfen eines Stockwerks zu benutzen, *doch* wird hiervon sehr häufig abgewichen.

Unter Zugrundelegung des üblichen Normalziegels entstehen folgende Lichtmaße bei Rauchrohren: 14/14 = 196 cm^2, 14/21 = 293 cm^3, 21/21 = 440 cm^2, 14/27 = 378 cm^2, 21/27 = 568 cm^2, 27/27 = 730 cm^2.

Für Küchen, Waschküchen und sonstige Räume mit starker Wrasenentwicklung sind gesonderte Abzugskanäle zweckmäßig, die nicht als Rauchrohr verwendet werden dürfen. Gasgeräte erfordern gesonderte Abzugsrohre. Zentralheizungsanlagen erfordern gesonderte Rauchrohre. Die Einführung anderer Abzüge, z. B. von Zimmeröfen usw. ist verboten. Das gleiche gilt von offenen Kaminen.

Die Erfahrungen der letzten Jahre haben gelehrt, daß es zweckmäßig ist, auch in zentralbeheizten Gebäuden beim Bau zusätzliche Rauchrohre vorzusehen, so daß im Notfalle die Räume auch mit Einzelöfen beheizt werden können.

Abschnitt 33

Bauarbeiten an Heizungsanlagen

Beim Bau der *Heizkammern für Luftheizungen* ist darauf zu sehen, daß die *Verluste durch Wärmeabgabe* an die Nebenräume nicht zu groß werden. Man bekleidet deshalb die Kammerwände mit Wärmeschutz oder bringt in den Steinmauern Luftschichten an. Zu große Wärmeausstrahlung an den über der Heizkammer liegenden Raum vermeidet man durch starke Lagen von Wärmeschutzstoffen oder durch eine Zwischendecke.

Die *Innenwände* der meistens aus hartgebrannten Ziegeln hergestellten Heizkammern sollen nicht verputzt werden. Mitunter kommen für die Innenflächen auch Verkleidungen durch glasierte Ziegel, keramische Platten oder starken Emailleanstrich zur Anwendung.

Die *senkrechten Luftkanäle* werden ebenfalls nicht verputzt, sondern aus hartgebrannten, gefugten Rohziegeln, glasierten Steinen, glasierten Tonrohren oder Zementrohren hergestellt. Die Bauausführung ist sorgfältig zu überwachen, da sehr leicht grobe Unachtsamkeiten vorkommen können, die das einwandfreie Arbeiten der Anlage in Frage stellen.

Mitunter müssen die *Heizkessel* einer Warmwasser- und Dampfheizung *vertieft* aufgestellt werden. Es ist dann unbedingt erforderlich, daß diese Vertiefung wasserdicht hergestellt wird und daß gleichzeitig für eine Entwässerungsmöglichkeit gesorgt wird. Ebenso sind die Rauchkanäle oder Füchse, die zum Schornstein führen, wasserdicht und gegen die Erdfeuchtigkeit gesichert auszuführen.

Der Fuchs soll zum Schornstein hin etwas Steigung erhalten und darf auch nicht ohne eine Abschrägung in diesen übergehen, um Stoßverluste und Wirbelbildungen zu vermeiden (Abb. 165). Eine dicht verschließbare Reinigungstür (*R*) ist unentbehrlich. Auch auf Dichtigkeit und Leichtgängigkeit des Rauchschiebers ist größter Wert zu legen, da von seiner guten Beschaffenheit und sorgfältigen Bedienung die Wirtschaftlichkeit des Heizbetriebes abhängen kann.

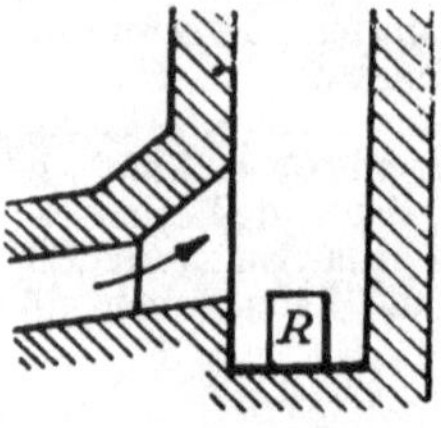

Abb. 165. Fuchsanschluß an einen Schornstein

Häufig schützt man auch die Kesselräume in ähnlicher Weise wie die Luftheizungskammern gegen Wärmeausstrahlungen.

Verteilungsleitungen für Dampf und Warmwasser werden in Keller und Dachboden frei verlegt und, soweit erforderlich, mit Wärmeschutz versehen. Müssen Rückführungsleitungen im Keller in Fußbodenkanälen verlegt werden, was tunlichst zu vermeiden ist, so sind diese Kanäle durch Zementplatten oder in Rahmen gelagerte Eisenplatten abzudecken. Im übrigen gilt auch für diese Kanäle die Forderung nach Wasserdichtheit. Bei kleineren Anlagen sind 25 cm Tiefe und 30 cm Breite übliche Maße.

Senkrechte Rohrstränge legt man am besten in Mauerschlitze, deren Größe sich nach den Rohrabmessungen richtet. 12 bis 15 cm Tiefe, bei 12 bis 20 cm Breite, sind im allgemeinen ausreichend. Diese Schlitze sollen innen sauber gefugt oder geputzt werden. In rauhen Schlitzen lösen sich leicht durch das Schieben der Rohre beim Warmwerden und Erkalten kleine Teilchen ab, die Geräusche verursachen. Am besten bleiben die in diesen Schlitzen verlegten, mit Rohrschellen festgehaltenen Rohre unverhüllt liegen. Nur in Außenwänden werden sie zweckmäßig mit Wärmeschutz versehen. Auf leichte Beweglichkeit der Rohre in den Schellen ist zu achten. Die Schlitze werden meistens, nachdem die Rohrleitungen auf Dichtigkeit geprüft sind, mit Drahtgeflecht, Gipsdielen u. dgl. zugeputzt.

Waagerechte Mauerschlitze sind möglichst zu vermeiden. Wo sie notwendig sind, sollen sie nicht tiefer als 4 cm sein. Einzeln in diese verlegte Rohre werden mit Filz oder Werg umwickelt und hierauf die Schlitze zugeputzt. Wird befürchtet, daß die Aussparung die Tragfähigkeit der Wand beeinflußt, so ist ein U- oder Winkeleisen einzulegen.

Wand- und Fußbodendurchbrüche und auch die Mauerschlitze sollen beim Bau von vornherein berücksichtigt werden. Die nachträgliche Anbringung ist, vor allem bei Bruchstein- und Betonwänden, mit hohen Mehrkosten verbunden. Bei freiliegenden Rohren und Rohrdurchführungen sind Rohrhülsen zu verwenden.

Bei der Aufstellung der Heizkörper auf Füßen ist die richtige Höhe der Unterlage zu beachten, damit nicht der Heizkörperfuß nach Verlegung des Fußbodenbelages, der meistens erst später gelegt wird, in einer Vertiefung steht. In dieser sammeln sich leicht Schmutzreste und Feuchtigkeit. Deshalb ist es besser, die Unterlage so zu wählen, daß sie später etwas über den Bodenbelag hinausragt. Die zweckmäßigste Lösung ist jedoch die Aufhängung der Heizkörper auf in der Wand eingelassenen Tragarmen. Dann bleibt der gesamte Raum unter dem Heizkörper frei und kann leicht und einwandfrei gereinigt werden.

Der Abstand der Heizkörper von der Wand muß ebenfalls richtig gewählt werden. Zu nahe an die Wand gerückte Heizkörper werden in ihrer Heizwirkung durch die Rückstrahlung der Wand und die Verluste durch Wärmeaufnahme stark beeinträchtigt. Auch ist dann nicht immer eine einwandfreie Luftumwälzung möglich. Der Abstand wird zweckmäßig nicht unter 5 cm von der Rückwand ausgeführt.

Bei der Aufstellung der Heizkörper in Wandnischen oder unter Fensterbänken gilt entsprechend das gleiche für den oberhalb der Heizkörper frei zu lassenden Raum.

Abschnitt 34

Wärmesparendes Bauen

Die Rücksicht auf die Volkswirtschaft und den eigenen Geldbeutel zwingt dazu, den Brennstoffbedarf einer Heizungsanlage so niedrig wie möglich zu halten. Dazu genügt es nicht, die Heizungsanlage wirtschaftlich zu gestalten und sachgemäß zu bedienen. Nur ein kleiner Teil der erzeugten Wärme ist zur Erwärmung der Raumluft notwendig, während der größte Teil nutzlos durch Wände, Fenster, Türen, Decken und Fußböden verloren geht. Man muß daher bereits bei Errichtung eines Gebäudes mit allen Mitteln dahin wirken, diese Verluste möglichst klein zu halten. Im wesentlichen läßt sich das durch Innehaltung folgender Bedingungen erreichen:

1. Wärmetechnisch günstigste Wahl der Gebäudeform und der Raumaufteilung.

2. Zweckmäßigste Auswahl der benutzten Räume.
3. Anwendung der günstigsten Wand-, Decken- und Fußbodenbauarten, sachgemäße Ausführung von Fenstern und Türen.

Wenn auch der verfügbare Raum es nicht gestattet, diese Richtlinien eingehend an dieser Stelle zu behandeln, so erscheint es doch wünschenswert, hier nochmals auf einige wesentliche Punkte hinzuweisen.

Vor allem anderen sind die in Bd. I, Abschn. 4 enthaltenen Angaben über den Wärmebedarf zu beachten. Wenn man den vielfach empfohlenen Grundsatz gelten läßt, daß an keiner Stelle eines Gebäudes die Wände so beschaffen sein dürfen, daß der Wärmeverlust einer beiderseits verputzten Backsteinwand von 38 cm ($k = 1{,}34$) überschritten wird, so ersieht man aus Zahlentafel 5, Bd. I (S. 14 u. 15), daß eine Backsteinwand von 12 cm Stärke, beiderseits verputzt, innen mit einer 3 cm dicken Torfpreßplatte belegt oder eine 7 cm starke Holzwand geringere Wärmeverluste ergeben. Andere Sonderbauarten mit Preßmassen oder ruhenden Luftschichten als Wärmeschutz zeigen noch günstigere Werte.

In Gegenden mit häufiger strenger Kälte wird zweckmäßig die Wärmedurchgangszahl einer zweisteinigen, beiderseits verputzten Wand ($k = 1{,}09$) nicht unterschritten.

Ganz besondere Sorgfalt erfordert die Wahl und die Ausführung der Fenster, da deren Beschaffenheit für den Wärmebedarf eines Raumes ausschlaggebend sein kann. Die Verluste entstehen weniger durch unmittelbaren Wärmedurchgang durch das Glas, da dieses ein schlechter Wärmeleiter ist, als durch den Luftdurchgang infolge von Undichtigkeiten. Ungenaue und undichte Ausführung der Fenster, sowie des Anschlusses ihrer Umrahmungen an die anschließenden Wände, wird leicht, namentlich bei stärkerem Windanfall, die Quelle großer Wärmeverluste. Das gilt vor allem, wenn es sich um Eckräume mit Fenster in beiden Außenwänden oder um Räume mit Fenstern in gegenüberliegenden Wänden handelt. Derartige Fenster sollte man stets, wenn es sich nicht gerade um sehr windgeschützte Stellen (Schutz durch Nebengebäude, auch Innenhöfe) handelt, als Doppelfenster ausführen.

Neuere Untersuchungen haben gezeigt, daß selbst in klimatisch milden Gegenden Deutschlands bereits bei der Anlage Ersparnisse bei der Verwendung von Doppelfenstern oder Verbundfenstern mit elastischer Dichtung zu erzielen sind. Der Mehraufwand für die Anschaffung der Doppelfenster wird mehr als ausgeglichen durch die geringeren Anlagekosten der Heizungsanlage. Außerdem ist im laufenden Betrieb eine dauernde Heizkostenersparnis von bis zu

$17^0/_0$ zu erzielen (nach Seelmeyer[1]). Daher sollten auch in Westdeutschland, wo dies bisher nicht üblich war, in jedem Falle Doppelfenster vorgesehen werden.

In diesem Zusammenhang muß auch auf Verlustquellen hingewiesen werden, die vielfach vernachlässigt werden, auf die Rolllädenkästen und die Schiebefenster. Durch ihren Aufbau bedingt, bilden diese sehr leicht undichte Stellen, wenn bei Herstellung und Einbau nicht größte Sorgfalt angewandt wird. Ihre Ausführung ist daher stets Fachleuten zu überlassen, die Gewähr für einwandfreie Arbeit leisten können.

Abschnitt 35

Beurteilung der Entwürfe und Überwachung der Ausführung

Aus den Entwürfen muß zu ersehen sein: Lage und benötigter Querschnitt der Rauchrohre, der Luftkanäle, der Ein- und Ausströmöffnungen, der Luftentnahmestelle, ferner Lage und Raumbedarf der Wärmeentwickler (Heizkessel, Wärmeaustauscher, Luftheizungsöfen u. dgl.) und deren erforderliche Tiefenlage, die Lage des Brennstoffraumes, die Anordnung der Rohrleitungen, der Rohrschlitze und Rohrkanäle, der Ausgleichsvorrichtungen, Hauptventile, Heizkörper und Ausdehnungsgefäße, sowie die zu beachtenden Sicherheitsvorschriften.

Bei Luftheizungs- und Lüftungsanlagen müssen die Einrichtungen zur Mischung kalter und warmer Luft angegeben und deren Wirkung und Betrieb beschrieben werden, ebenso die Einrichtungen zur Befeuchtung und Filterung der Luft.

Zu alledem gehören klare Darstellungen der empfohlenen Wärmeentwickler, Heizkörper, Regeleinrichtungen, Ventile, Luftklappen u. dgl.

Die Kostenanschläge sollen in einzelnen Ansätzen die Heizflächen der Wärmeentwickler und ihre Gesamtleistung — nicht diese allein, die eine Beurteilung, ob der Wärmeentwickler richtig gewählt ist, nicht zuläßt —, ferner die Heizfläche der veranschlagten Heizkörper und deren Bauart und Größenverhältnisse, die Längen der Rohrleitungen in den einzelnen Abmessungen, die Anzahl der Ventile u. dgl. enthalten.

Die Behörden sind gehalten, den Leistungsbeschreibungen (Programm) auch die Wärmebedarfsrechnung mitzuliefern, doch wird diese Bestimmung oft umgangen und eine solche mit dem Entwurf eingefordert. Sie muß dann nach den „Regeln" DIN 4701 aufgestellt sein. Bei Privatbauten pflegt man sich mit der Gewähr,

---

[1]) Heizung, Lüftung, Haustechnik 1951, Heft 4.

die der Unternehmer für die Anlage übernimmt, zu begnügen. Es ist dringend erwünscht, daß man sich in diesem Fall versichert, ob sicher gerechnet ist. Die erwähnten „Regeln" müssen sowohl in bezug auf die Ermittlung des Wärmebedarfs als auch bei der Berechnung der Kessel- und Heizkörpergrößen angewandt worden sein. Der Besteller hat dadurch die Sicherheit, eine ausreichende und sparsam arbeitende Anlage zu erhalten.

Bei Warmwasserheizungen ist hinzuzufügen, für welche Vor- und Rücklauftemperaturen — nach den ministeriellen Vorschriften 90° und 70° — die Rohrleitungen ausgeführt werden sollen. Bei den Niederdruckdampfheizungen ist der Kesseldruck und der vor den Heizkörpern angenommene Druck bei Höchstleistung der Anlage anzugeben.

Wichtig ist, daß der Heizungsentwurf vor Beginn des Baues bereits vorliegt, damit man auf die notwendigen baulichen Arbeiten Rücksicht nehmen kann.

Während der Ausführung ist auf sorgfältige Herstellung der Rohrleitungen — senkrechte Lage, schlanke Bögen, möglichste Vermeidung von Verbindungsstücken, genügendes und richtig verlegtes Gefälle —, ebenso auf dauerhafte Befestigung der Rohre und sichere Einsetzung von Unterstützungen zu achten.

Nach Fertigstellung der Heizungsanlage hat zunächst ein Vergleich mit dem Entwurf stattzufinden, sodann ist vor Verschließen der Mauerschlitze eine Druck- und Heizprobe vorzunehmen. Bei Warmwasserheizungen wird die Anlage zunächst einem kalten Probedruck ausgesetzt, und zwar soll dieser den Betriebsdruck um 2,5 atü übersteigen. Der Druckprobe folgt die Heizprobe, bei der festzustellen ist, ob die Heizkörper sich schnell und gleichmäßig erwärmen, ob der Schornstein gut zieht usw.

Bei Niederdruckdampfheizungen prüft man zunächst den Kessel unter Wasserdruck von rd. 3 atü (städt. Wasserleitung). Rohrleitung und Heizkörper werden unter dem Höchstdruck, den der Heizkessel leisten soll, durch mehrmaliges In- und Außerbetriebsetzen geprüft. Man kann sicher sein, daß, wenn sich dann keine Undichtigkeiten zeigen, die Heizung ordnungsgemäß ausgeführt ist. Sodann prüft man die Heizkörper auf genügendes und gleichmäßiges Warmwerden und achtet vor allem darauf, ob nicht Geräusche entstehen, die durch falsche Lage der Rohrleitung oder zu engen Querschnitten der Ventile bei hohem Druckgefälle begründet sein können. Meistens ist allerdings nach endgültiger Inbetriebnahme des fertigen Gebäudes eine Nachregelung der Anlage erforderlich. Vorher auftretende Geräusche berechtigen also nicht unbedingt zu der Annahme, daß Fehler vorhanden sein müssen.

Sachverzeichnis

HALBERG
HEIZUNGSPUMPEN
FÜR 2,5 BIS 300 m³/h
IN HORIZONTALER UND
VERTIKALER BAUART
FORDERN SIE BITTE
PROSPEKT NR. 756/69
HALBERG
MASCHINENBAU UND GIESSEREI GMBH LUDWIGSHAFEN/RHEIN

SULZER

HEIZUNG · LÜFTUNG
WÄRMEWIRTSCHAFT

*

KLIMA-ANLAGEN

FÜR ALLE ZWECKE DER INDUSTRIE U. HYGIENE

*

STRAHLUNGSHEIZUNGEN

IN DEN VERSCHIEDENSTEN AUSFÜHRUNGSARTEN

GEBR. SULZER HEIZUNG U. LÜFTUNG G. M. B. H.

STUTTGART - FRANKFURT a. M. - FREIBURG i. Br.
LUDWIGSHAFEN a. Rh. - MANNHEIM - MÜNCHEN

WILHELM OPLÄNDER, Dortmund, Ardeystr. 28
Fernruf: 2 28 53/54

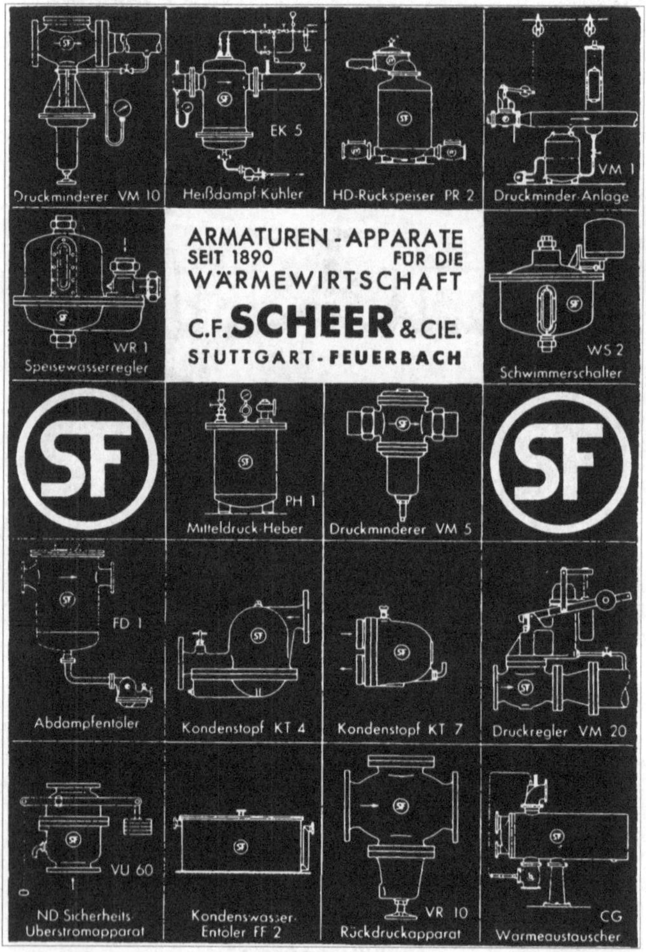

Druckminderer VM 10
EK 5
Heißdampf-Kühler
HD-Rückspeiser PR 2
VM 1
Druckminder-Anlage
ARMATUREN - APPARATE
SEIT 1890 FÜR DIE
WÄRMEWIRTSCHAFT
C.F. SCHEER & CIE.
STUTTGART - FEUERBACH
WR 1
Speisewasserregler
WS 2
Schwimmerschalter
SF
PH 1
Mitteldruck-Heber
Druckminderer VM 5
SF
FD 1
Abdampfentöler
Kondenstopf KT 4
Kondenstopf KT 7
Druckregler VM 20
VU 60
ND Sicherheits-
Überstromapparat
Kondenswasser-
Entöler FF 2
VR 10
Rückdruckapparat
CG
Wärmeaustauscher

MODERNE KESSELANLAGEN

für Produktion und Heizung, Hochdruckdampf, Niederdruckdampf, Heißwasser und Warmwasser, mit Feuerungen für alle Brennstoffe

SKG STANDARD

STANDARDKESSEL

STANDARD-KESSEL-GES. GEBR. FASEL · DUISBURG

SAMSON

Millionenfach
bewährt

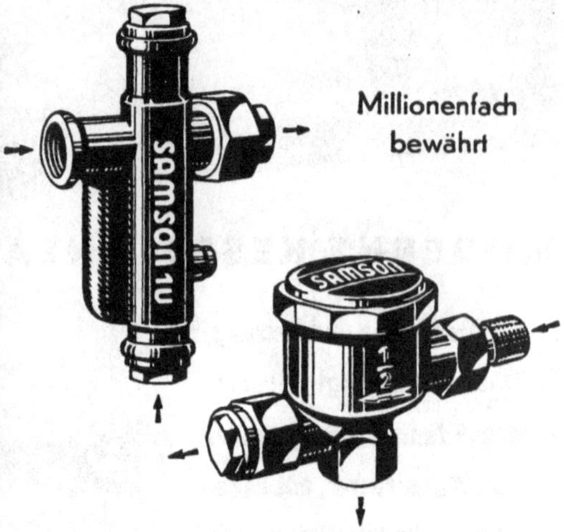

Universal-Kondensatableiter
und Schnellentleerer
zum Einbau in jeder Lage

SAMSON APPARATEBAU AG.
FRANKFURT a. M. · SCHIELESTR. 11-13

ISOLIERUNG

FÜR HEIZUNGSANLAGEN:

SILLAN
Steinwolle

Bahnen, Matten, Filze, Platten, Formstücke, Dichtungsstreifen. Auch bewährt bei Deckenheizung, sowie für Schalldämpfung in Lüftungskanälen. Eigene Kieselgurwerke.

Auf Wunsch Übernahme der gesamten Montage.

GRÜNZWEIG & HARTMANN AG LUDWIGSHAFEN · A · RHEIN

Stahlheizkessel

für Warmwasser
Heißwasser
Niederdruckdampf
Hochdruckdampf

für feste, flüssige und gasförmige Brennstoffe

KREUZSTROMWERK G. m. b. H.

Hagen (Westf.) Sedanstr. 1–3

GERHARD *Radiatoren*

Die Hochdruck-Röhrenradiatoren mit hoher Wärmeleistung für Heißwasser- und Hochdruckdampfheizungen, für Drücke bis 25 atü

GERHARD *Heizplatten*

Die Flachheizkörper in strömungsgünstiger Form für Niederdruck- und Hochdruckheizungen, drucktest bis 12 atü

liefern kurzfristig und preisgünstig

Gerhard & Rauh

Maschinen- und Apparatefabrik

Regensburg

Tel. 4330

Stahl-Radiatoren

nach DIN 4722

Flach-Radiatoren

Hochdruck-Radiatoren

MASCHINENFABRIK WIESBADEN AG.

W I E S B A D E N

Auslieferungslager an allen größeren Plätzen

DELBAG

DELBAG-LUFTFILTER GmbH
BERLIN-HALENSEE • FERNRUF 977676
DÜSSELDORF-HEERDT • AMT NEUSS 2105

LUFTFILTER
für Industrie • Hygiene • Fahrzeuge

Ingenieur-Büros

Essen-Ruhr · Ruf 4 33 90	Ruf	4 39 07
Frankfurt-M., Töngesgasse 1	Ruf	9 50 95
Hamburg, Innocentiastr. 33	Ruf	45 40 45
Hannover-K. Borchersstr 15	Ruf	5 04 88
Heidelberg, Moltkestr. 23	Ruf	30 39
Köln-Ehrenfeld, Siemensstr. 54	Ruf	5 67 64
München, Reichenbachstr. 29	Ruf	2 02 96
Münster-W., Prozessionsweg 401	Ruf	3 59 16
Nürnberg, Wurzelbauerstr. 2	Ruf	2 72 13

Ausland-Büros

Wien · Rotterdam · Charleroi · Luxembourg
Stockholm · København · Oslo · Helsingfors
Milano · Athen · Istanbul · Ankara · Cairo
Buenos Aires · São Paulo · Santiago de Chile
Tokyo · Calcutta · Karachi

G 3501

Viel Brennstoff,
mangelnde Wärme,
kein heißes Wasser

infolge Kesselsteinansatz in den Heizungskesseln, Klima-Anlagen, Boilern, Rohrleitungen; Elektro- und Gaserhitzern; Brausen und Badeeinrichtungen.

STEINTOD reinigt chemisch, macht metallisch rein; wirkt schnell und sicher. Kein Angriff!

Hersteller: **Friedrich Petzoldt G.m.b.H.**

München 9, Ungsteiner Straße (Pfarrweg) Tel. 45484 u. 48029

Vom Verein Deutscher Ingenieure mit seinen Arbeitsgemeinschaften und als Fachorgan des Zentralverbandes Wärme-, Lüftungs- und Gesundheitstechnik wird die Zeitschrift

HEIZUNG · LÜFTUNG · HAUSTECHNIK

herausgegeben.

Arbeitsgebiete:

Heizung und Lüftung
alle Heizungseinrichtungen, Lüftungs- und Klimaanlagen, Wärmeschutz, Raumhygiene

Haustechnik
sanitäre Technik, Wasser- und Abwasserversorgung, Gas- und Abgastechnik, Elektro-Installation, Hauswirtschaft in der modernen Wohnung

Leserkreis: Fachingenieure der Heizungs-, Lüftungs- und Haustechnik sowie die Kreise der Bauwelt, Baugestalter und Bauherren

Bezugsbedingungen:

Die Zeitschrift erscheint alle 2 Monate mit 36 Textseiten im Format DIN A 4. Halbjahresabonnement DM 7,50 plus Versandspesen. Bestellung beim Buchhandel oder Verlag. Mitglieder des VDI und des Zentralverbandes bestellen nur beim Verlag und beziehen durch die Post zum Vorzugspreis von DM 6,– im Halbjahr plus Zustellgebühr. Einzelheft: DM 3,–, für Mitglieder DM 2,50.

DEUTSCHER INGENIEUR-VERLAG GMBH

Düsseldorf · Prinz-Georg-Str. 77/79 · Fernspr. 43351

HEDA
FABRIKATE
HESSENWERKE DARMSTADT

Temperatur-Regler
für alle Zwecke
Klappenregler
Mischapparate
Schmutzfänger
Dampfstauer
Schnellentleerer
Ent- und Belüfter
Schalter für Gefäße
und Pumpen
Speiseapparate
Signalapparate
Magnetventile
Feuerungsregler
A. WILLMS
Düsseldorf 88
oder Fachhandel

Auf 416 DIN-A4-Seiten Text fand der Leser des

GESUNDHEITS-INGENIEURS

im Jahre 1952 zusammenfassend alle Fachgebiete der angewandten Hygiene und Gesundheitstechnik behandelt. Aufsätze und Berichte, Referate, Nachrichten aus Industrie usw. boten dem Ingenieur und Wissenschaftler in den Arbeitsgebieten der **Heizung, Lüftung, Kühlung, des Klimas, des Wassers und Abwassers** die ihm unentbehrlichen Informationen

Seit 74 Jahren pflegt der „Gesundheits-Ingenieur" diese Arbeitsgebiete. Das Ergebnis ist eine hohe Wertschätzung bei den Heizungs- und Lüftungs-, Wasser- und Abwasser- fachleuten in der Industrie, in der Wirtschaft, bei den einschlägigen Behörden, bei den technischen und kaufmännischen Leitern der Lieferwerke des Arbeitsgebietes, bei den Baufirmen für alle Anlagen der Wasserförderung, der Wasserreinigung und der Wassernutzung.

Jedes Postamt und jede Fachbuchhandlung nimmt Ihre Bezugsbestellung entgegen. Für DM 8,40 im Vierteljahr kommt die Zeitschrift des fortschrittlichen Gesundheits- Ingenieurs und Technikers regelmäßig auch zu Ihnen.

Verlangen Sie ein kostenloses Probeheft von

R. Oldenbourg Verlag · München 1 · Postfach

Vom gleichen Autor erschien:

Heizung und Lüftung

von Johannes Körting VDI
und Werner Körting VDI

Band I: Das Wesen und die Berechnung der Heizungs- und Lüftungsanlagen

8., neubearbeitete Auflage. Klein-Oktav.
Mit 29 Abbildungen und 18 Zahlentafeln.
140 Seiten. 1951. DM 2,40

(Sammlung Göschen Band 342)

„. . . ist diese Arbeit ein kleines Kunstwerk zu nennen, das im wesentlichen der vor kurzem erst verstorbene Senior des Heizungswesens als Erstverfasser aus seiner etwa sieben Jahrzehnte langen Erfahrung geschaffen hat. . . . Die besprochenen Gebiete sind einerseits klar und faßlich an Hand von Bildern beschrieben, andererseits sind die einfachen Berechnungsvorgänge beispielhaft dargestellt und ihre Ergebnisse, soweit als notwendig, in Zahlentafeln zusammengefaßt. Somit kann das Büchlein allen interessierten Kreisen nur warm empfohlen werden."

VDI Zeitschrift, Düsseldorf

Die Dampfkessel und Feuerungen einschl. Hilfseinrichtungen

in Theorie, Konstruktion und Berechnung

von Walter Marcard †

2. Auflage, neubearbeitet von Karl Beck

Band I: Die theoretischen Grundlagen. Wärme, Verbrennung, Wärmeübertragung.

Klein-Oktav. Mit 42 Abbildungen und 16 Tabellen.
150 Seiten. 1951. DM 2,40

Band II: Dampfkessel.

Klein-Oktav. 147 Seiten. 1952. DM 2,40

(Sammlung Göschen Band 9 und 521)

Bitte fordern Sie kostenlos an:

Gesamtverzeichnis Technik

Lehrbücher / Kurze Einführungen / Handbücher
32 Seiten.

WALTER DE GRUYTER & CO. / BERLIN W 35

52 Jahre „HR“ 1901 - 1953

Haustechnische Rundschau

Zeitschrift für Heizung und Lüftung, Gesundheits-, Klima- und Wärmetechnik, Energieversorgung und sanitäre Installation
mit der ständigen Beilage

„Wärme-, Kälte- und Schallschutz“

HR bedeutet: die **wahrhaft praktische** Zeitschrift für die Gebiete Heizung, Lüftung, Gesundheits-, Klima- und Wärmetechnik, Energieversorgung und sanitäre Installation

HR vermittelt dem Fachmann eine Fülle von Wissen und praktischer Erfahrung. Hervorragende Fachleute sind ständige Mitarbeiter

Bezugspreis vierteljährlich DM 4,50 und Zustellgebühr

Die „HR“ ist auch seit Jahrzehnten das bewährte und bevorzugte **Insertionsorgan der Lieferfirmen** für die gesamte sanitäre Installation

Verlangen Sie kostenfreie Probehefte und Verzeichnis unserer Fachbücher

Verlag Haenchen & Jäh

Berlin-Charlottenburg 9, Hessenallee 12

Satz und Druck des Inseratenteils: Buchkunst Hans Jentzsch & Co., Berlin W 35

SAMMLUNG GÖSCHEN

GESAMTVERZEICHNIS

JEDER BAND DM 2,40

DOPPELBAND DM 4,80

WALTER DE GRUYTER & CO.

BERLIN W 35

SAMMLUNG GÖSCHEN

UNSER HEUTIGES WISSEN IN KURZEN, KLAREN, ALLGEMEINVERSTÄNDLICHEN EINZELDARSTELLUNGEN

Zweck und Ziel der „Sammlung Göschen“

ist, in Einzeldarstellungen eine klare, leichtverständliche und übersichtliche Einführung in sämtliche Gebiete der Wissenschaft und Technik zu geben; in engem Rahmen, auf streng wissenschaftlicher Grundlage und unter Berücksichtigung des neuesten Standes der Forschung bearbeitet, soll jedes Bändchen zuverlässige Belehrung bieten. Jedes einzelne Gebiet ist in sich geschlossen dargestellt, aber dennoch stehen alle Bändchen in innerem Zusammenhange miteinander, so daß das Ganze, wenn es vollendet vorliegt, eine einheitliche systematische Darstellung unseres gesamten Wissens bilden dürfte.

Naturwissenschaften und Technik

Mathematik

Integralrechnung. Von A. Witting †. 2., verbesserte Auflage. Durchgesehener Neudruck. Mit 62 Figuren und 190 Beispielen. 176 Seiten. 1949 . . . . Bd. 88

Repetitorium und Aufgabensammlung zur Integralrechnung. Von A. Witting †. 2., neubearbeitete Auflage. Durchgesehener Neudruck. Mit 32 Figuren und 309 Beispielen. 121 Seiten. 1949 . . . . Bd. 147

Einführung in die konforme Abbildung. Von L. Bieberbach. 4. Auflage. Mit 42 Zeichnungen. 147 Seiten 1949 . . . . Bd. 768

Darstellende Geometrie. Von R. Haußner.
I: Elemente; ebenflächige Gebilde. 6., unveränderte Auflage. Mit 110 Figuren im Text. 207 Seiten. 1947 Bd. 142
II: Perspektive ebener Gebilde, Kegelschnitte. 5., unveränderte Auflage. Mit 88 Figuren im Text. 168 Seiten. 1947 . . . . Bd. 143

Sammlung von Aufgaben und Beispielen zur analytischen Geometrie der Ebene mit den vollständigen Lösungen. Von R. Haußner. Neudruck. Mit 22 Figuren im Text. 139 Seiten. 1949 . . . . Bd. 256

Nichteuklidische Geometrie. Hyperbolische Geometrie der Ebene. Von R. Baldus. 3., verbesserte Auflage, durchgesehen von F. Löbell. 1953. In Vorbereitung . . . . Bd. 970

Vermessungskunde. Von P. Werkmeister.
I: Stückmessung und Nivellieren. 9. Auflage. Mit 145 Figuren. 165 Seiten. 1949. . . . . Bd. 468
II: Messung von Horizontalwinkeln. Festlegung von Punkten im Koordinatensystem. Absteckungen. 7. Auflage. Mit 93 Figuren. 151 Seiten. 1949 . . . . . . Bd. 469
III: Trigonometrische und barometrische Höhenmessung. Tachymetrie und Topographie. 6. Auflage. Mit 64 Figuren. 147 Seiten. 1949 . . . . Bd. 862

Vektoranalysis. Von S. Valentiner. 7., wesentlich veränderte Auflage. Mit 19 Figuren. 138 Seiten. 1950 Bd. 354

Versicherungsmathematik. Von F. Böhm. 2., verbesserte Auflage.
I: Elemente der Versicherungsrechnung. Neudruck. 1953. In Vorbereitung . . . . Bd. 180
II: Lebensversicherungsmathematik, Einführung in die technischen Grundlagen der Sozialversicherung. 205 Seiten. 1953 . . . . Bd. 917/917a

Physik / Chemie / Allgemeine, anorganische, organische und experimentelle Chemie / Elektrochemie / Technologie

Physikalische Formelsammlung. Von G. und K. Mahler. 8., verbesserte Auflage. Mit 69 Figuren. 153 Seiten. 1950 . . . . Bd. 136

Physikalische Aufgabensammlung. Von G. und K. Mahler. Mit den Ergebnissen. 7., verbesserte Auflage. 127 Seiten. 1952 . . . . Bd. 243

Differentialgleichungen der Physik. Von E. Sauter. 2. Auflage. Mit 16 Figuren. 148 Seiten. 1950 . . . . Bd. 1070

Geschichte der Chemie in kurzgefaßter Darstellung. Von G. Lockemann.
I: Vom Altertum bis zur Entdeckung des Sauerstoffs. Mit 8 Bildnissen. 142 Seiten. 1950 . . . . Bd. 264

Allgemeine und physikalische Chemie. Von W. Schulze. II: 3., durchgesehene Auflage. Mit 36 Figuren. 160 Seiten. 1949 . . . . Bd. 698

Physikalisch-Chemische Rechenaufgaben. Von E. Asmus. 2. Auflage. 96 Seiten. 1949 . . . . Bd. 445

Anorganische Chemie. Von W. Klemm. 7. Auflage. Mit 18 Abbildungen. 184 Seiten. 1952 . . . . Bd. 37

Maßanalyse. Theorie und Praxis der klassischen und der elektrochemischen Titrierverfahren. Von G. Jander und K. F. Jahr. 6. Auflage.
I: 140 Seiten. Mit 18 Figuren. 1952 . . . . Bd. 221
II: 139 Seiten. Mit 24 Figuren. 1952 . . . . Bd. 1002

Thermochemie. Von W. A. Roth. 2., verbesserte Auflage. Mit 16 Figuren. 109 Seiten. 1952 . . . . Bd. 1057

Stöchiometrische Aufgabensammlung. Von W. Bahrdt und R. Scheer. Mit den Ergebnissen. 5., verbesserte Auflage. 120 Seiten. 1952 . . . . Bd. 452

Analytische Chemie. Von J. Hoppe. 5., verbesserte Auflage.
I: Reaktionen. 135 Seiten. 1950 . . . . Bd. 247
II: Gang der qualitativen Analyse. 166 Seiten. 1950 Bd. 248

Elektrochemie und ihre physikalisch-chemischen Grundlagen. Von A. Daßler.
I: Mit 21 Abbildungen. 149 Seiten. 1950 . . . . . Bd. 252
II: Mit 17 Abbildungen. 178 Seiten. 1950 . . . . . Bd. 253

Warenkunde. Von K. Hassak † und E. Beutel †. 7. Auflage. Neubearbeitet von A. Kutzelnigg.
I: Anorganische Waren sowie Kohle und Erdöl. Mit 19 Figuren. 116 Seiten. 1947 . . . . Bd. 222
II: Organische Waren. Mit 32 Figuren. 143 Seiten. 1949 Bd. 223

Die Fette und Öle. Von K. Braun. 5., vollständig neubearbeitete und verbesserte Auflage. Von Th. Klug. 145 Seiten. 1950 . . . . Bd. 335

Die Seifenfabrikation. Von K. Braun. Vollständig neubearbeitet von Th. Klug. 3., neubearbeitete und verbesserte Auflage. Mit 18 Abbildungen. 116 Seiten. 1953 Bd. 336

Atomphysik. III. Von Bechert-Gehrtsen. 1953. In Vorbereitung . . . . Bd. 1123

Naturwissenschaften / Biologie / Botanik / Zoologie Land- und Forstwirtschaft

Hormone. Von G. Koller. 2., neubearbeitete und erweiterte Auflage. Mit 60 Abbildungen und 19 Tabellen. 187 Seiten. 1949 . . . . Bd. 1141

Geschlecht und Geschlechtsbestimmung im Tier- und Pflanzenreich. Von M. Hartmann. 2., verbesserte Auflage. Mit 61 Abbildungen und 7 Tabellen. 116 Seiten. 1951 . . . . Bd. 1127

Fortpflanzung im Tier- und Pflanzenreich. Von J. Hämmerling. 2., ergänzte Auflage. Mit 101 Abbildungen. 135 Seiten. 1951 . . . . Bd. 1138

Grundriß der allgemeinen Mikrobiologie. Von W. Schwartz.
I: Mit 17 Abbildungen. 104 Seiten. 1949 . . . . . Bd. 1155
II: Mit 12 Abbildungen. 93 Seiten. 1949 . . . . . . Bd. 1157

Symbiose der Tiere mit pflanzlichen Mikroorganismen. Von P. Buchner. 2., verbesserte und vermehrte Auflage. Mit 121 Abbildungen. 130 Seiten. 1949 . . . . Bd. 1128

Entwicklungsgeschichte des Pflanzenreiches. Von H. Heil. 2. Auflage. Mit 94 Abbildungen und 1 Tabelle. 138 Seiten. 1950 . . . . Bd. 1137

Morphologie der Pflanzen. Von L. Geitler. 3. Auflage. 1953. In Vorbereitung . . . . Bd. 141

Pflanzenzüchtung. Von H. Kuckuck. 3., völlig umgearbeitete Auflage.
I: Grundzüge der Pflanzenzüchtung. Mit 22 Abbildungen. 132 Seiten. 1952 . . . . Bd. 1134

Die Laubhölzer. Kurzgefaßte Beschreibung der in Mitteleuropa gedeihenden Laubbäume und Sträucher. Von F. W. Neger und E. Münch. 3., durchgesehene Auflage. Herausgegeben von B. Huber. Mit 63 Figuren und 7 Tabellen. 143 Seiten. 1950 . . . . Bd. 718

Die Nadelhölzer (Koniferen und übrigen Gymnospermen). Von F. W. Neger und E. Münch. 4. Auflage, durchgesehen und ergänzt von B. Huber. Mit 75 Figuren, 4 Tabellen und 3 Karten. 140 Seiten. 1952 . . . . Bd. 355

Das Tierreich IV/3: Insekten. Von H. von Lengerken. Mit 58 Abbildungen. 128 Seiten. 1953 . . . . Bd. 594

Entwicklungsphysiologie der Tiere. Von F. Seidel.
I: Ei und Furchung. Mit 29 Abbildungen. 126 Seiten. 1953 . . . . Bd. 1162
II: Körpergrundgestalt und Organbildung. Mit 42 Abbildungen. 159 Seiten. 1953 . . . . Bd. 1163

Vergleichende Physiologie der Tiere. Von K. Herter. 3. Auflage der „Tierphysiologie".
I: Stoff- und Energiewechsel. Mit 64 Abbildungen. 155 Seiten. 1950 . . . . Bd. 972
II: Bewegung und Reizerscheinungen. Mit 110 Abbildungen. 148 Seiten. 1950 . . . . Bd. 973

Landwirtschaftliche Tierzucht. Die Züchtung und Haltung der landwirtschaftlichen Nutztiere. Von H. Vogel. Mit 11 Abbildungen. 139 Seiten. 1952 . . . . Bd. 228

Kulturtechnische Bodenverbesserungen. Von O. Fauser. 4., neubearbeitete Auflage.
I: Allgemeines, Entwässerung. Mit 47 Abbildungen. 122 Seiten. 1947 . . . . Bd. 691
II: Bewässerung, Ödlandkultur, Umlegung. Mit 67 Abbildungen. 150 Seiten. 1948 . . . . Bd. 692

Agrikulturchemie. Von K. Scharrer.
I: Pflanzenernährung. 143 Seiten. 1953 . . . . . . Bd. 329

Geologie / Mineralogie / Kristallographie

Kristallographie. Von W. Bruhns und P. Ramdohr. 4. Auflage. 1953. In Vorbereitung . . . . Bd. 210

Einführung in die Kristalloptik. Von E. Buchwald. 4., verbesserte Auflage. Mit 121 Figuren. 138 Seiten. 1952 Bd. 619

Lötrohrprobierkunde. Mineraldiagnose mit Lötrohr und Tüpfelreaktion. Von M. Henglein. 3., verbesserte Auflage. Mit 11 Figuren. 91 Seiten. 1949 . . . . . . Bd. 483

Mineral- und Erzlagerstättenkunde. Von H. Huttenlocher. 1953. In Vorbereitung . . . . Bd. 1014/1015/1015a

Ingenieurwissenschaften

Allgemeines / Maschinenbau / Hoch- und Tiefbau Elektrotechnik / Wasserbau

Technische Tabellen und Formeln. Von W. Müller. 4., verbesserte und erweiterte Auflage. Von E. Schulze. Mit 105 Figuren. 152 Seiten. 1951 . . . . Bd. 579

Dynamik. Von W. Müller. 2., verbesserte Auflage.
I: Dynamik des Einzelkörpers. Mit 48 Figuren. 128 Seiten. 1952 . . . . Bd. 902
II: Systeme von starren Körpern. Mit 41 Figuren. 102 Seiten. 1952 . . . . Bd. 903

Technische Thermodynamik. Von W. Nusselt.
I: Grundlagen. 3., verbesserte Auflage. Mit 71 Abbildungen. 144 Seiten. 1950 . . . . Bd. 1084
II: Theorie der Wärmekraftmaschinen. Neudruck. Mit 87 Abbildungen und 32 Zahlentafeln. 144 Seiten. 1951 Bd. 1151

Festigkeitslehre. Von W. Gehler und W. Herberg.
I: Elastizität, Plastizität und Festigkeit der Baustoffe und Bauteile. Durchgesehener und erweiterter Neudruck. Mit 118 Bildern. 159 Seiten. 1952 . . . . Bd. 1144

Technische Schwingungslehre. Von L. Zipperer.
I: Allgemeine Schwingungs-Gleichungen, einfache Schwinger. 2., neubearbeitete Auflage. Mit 101 Abbildungen. 120 Seiten. 1953 . . . . Bd. 953

Metallkunde. Einführendes über Aufbau, Eigenschaften und Untersuchung von Metallen und Legierungen sowie über Grundlagen des Schmelzens, des Gießens, des Verformens, der Wärmebehandlung, der Oberflächenbehandlung, der Verbinde- und Trennarbeiten. Von H. Borchers. 2. Auflage.
I: Aufbau der Metalle und Legierungen. Mit 2 Tabellen und 90 Abbildungen. 110 Seiten. 1950 . . . . . . Bd. 432
II: Eigenschaften. Grundzüge der Form- und Zustandsgebung. Mit 8 Tabellen und 100 Abbildungen. 154 Seiten. 1952 . . . . Bd. 433

Getriebelehre. Von P. Grodzinski. 2., neubearbeitete Auflage.
I: Geometrische Grundlagen. Mit 142 Figuren. 159 Seiten. 1953 . . . . Bd. 1061

Die Maschinenelemente. Von E. A. vom Ende. 2., verbesserte Auflage. Mit 173 Figuren und 12 Tafeln. 159 Seiten. 1950 . . . . Bd. 3

Das Maschinenzeichnen mit Einführung in das Konstruieren. Von W. Tochtermann. 4. Auflage.
I: Das Maschinenzeichnen. Mit 77 Tafeln. 156 Seiten. 1950 . . . . Bd. 589
II: Ausgeführte Konstruktionsbeispiele. Mit 58 Tafeln. 130 Seiten. 1950 . . . . Bd. 590

Die Dampfkessel und Feuerungen einschl. Hilfseinrichtungen in Theorie, Konstruktion und Berechnung. Von W. Marcard †. 2. Auflage, neubearbeitet von K. Beck.
I: Die theoretischen Grundlagen. Wärme, Verbrennung, Wärmeübertragung. Mit 42 Abbildungen und 16 Tabellen. 150 Seiten. 1951 . . . . Bd. 9
II: Dampfkessel. Mit 53 Abbildungen. 147 Seiten. 1952 Bd. 521

Gießereitechnik. Von H. Jungbluth.
I: Eisengießerei. Mit 44 Abbildungen. 126 Seiten. 1951 Bd. 1159

Autogenes Schweißen und Schneiden. Von H. Niese. 5. Auflage. Von A. Küchler. 1953. In Vorbereitung . Bd. 499

Die wichtigsten Baustoffe des Hoch- und Tiefbaus. Von O. Graf. 4., verbesserte Auflage. Mit 63 Abbildungen. 131 Seiten. 1953 . . . . Bd. 984

Baustoffverarbeitung und Baustellenprüfung des Betons. Von A. Kleinlogel. 2., neubearbeitete und erweiterte Auflage. Mit 35 Abbildungen. 126 Seiten. 1951 . . Bd. 978

Grundlagen des Stahlbetonbaues. Von A. Troche. 2., neubearbeitete und erweiterte Auflage. Mit 75 Abbildungen, 17 Bemessungstafeln und 20 Rechenbeispielen. 208 Seiten. 1953 . . . . Bd. 1078

Fenster, Türen, Tore aus Holz und Eisen. Eine Anleitung zu ihrer guten Gestaltung, wirtschaftlichen Bemessung und handwerksgerechten Konstruktion. Von W. Wickop. 3., überarbeitete und ergänzte Auflage. Mit 96 Abbildungen. 154 Seiten. 1949 . . . . Bd. 1092

Heizung und Lüftung. Von J. und W. Körting. 8. neubearbeitete Auflage.
I: Das Wesen und die Berechnung der Heizungs- und Lüftungsanlagen. Mit 29 Abbildungen und 18 Zahlentafeln. 140 Seiten. 1951 . . . . Bd. 342
II: Die Ausführung der Heizungs- und Lüftungsanlagen. 1953. In Vorbereitung . . . . Bd. 343

Die Gleichstrommaschine. Von K. Humburg. Durchgesehener Neudruck.
I: Mit 59 Abbildungen. 102 Seiten. 1949 . . . . . Bd. 257
II: Mit 38 Abbildungen. 98 Seiten. 1949 . . . . . Bd. 881

Die synchrone Maschine. Von K. Humburg. Neudruck. Mit 78 Bildern. 109 Seiten. 1951 . . . . Bd. 1146

Transformatoren. Von W. Schäfer. 2. Auflage. Mit 74 Abbildungen. 128 Seiten. 1949 . . . . Bd. 952

Die komplexe Berechnung von Wechselstromschaltungen. Von H. K. Meinke. Mit 114 Abbildungen. 160 Seiten. 1949 . . . . Bd. 1156

Theoretische Grundlagen zur Berechnung der Schaltgeräte. Von F. Kesselring. 3. Auflage. Mit 92 Abbildungen. 144 Seiten. 1950 . . . . Bd. 711

Elektromotorische Antriebe (Grundlagen für die Berechnung) Von A. Schwaiger. 3., neubearbeitete Auflage. Mit 34 Abbildungen. 96 Seiten. 1952 . . . . Bd. 827

Überspannungen und Überspannungsschutz. Von G. Frühauf. Durchgesehener Neudruck. Mit 98 Abbildungen. 122 Seiten. 1950 . . . . Bd. 1132

Talsperren. Von F. Tölke. Mit 70 Abbildungen. 122 Seiten. 1953 . . . . Bd. 1044

Verkehrswasserbau. Von H. Dehnert.
I: Entwurfsgrundlagen, Flußregelungen. Mit 52 Textabbildungen. 103 Seiten. 1950 . . . . Bd. 585
II: Flußkanalisierungen und Schiffahrtskunde. Mit 60 Textabbildungen. 94 Seiten. 1950. . . . . Bd. 597
III: Schleusen und Hebewerke. Mit 70 Textabbildungen. 98 Seiten. 1950 . . . . Bd. 1152

Wehr- und Stauanlagen. Von H. Dehnert. Mit 90 Textabbildungen. 134 Seiten. 1952 . . . . Bd. 965

Geisteswissenschaften

Philosophie / Psychologie

Religionswissenschaften

Musik / Kunst

Geschichte

Allgemeines / Vor- und Frühgeschichte / Altertum Mittelalter und Neuzeit / Kulturgeschichte

Einführung in die Geschichtswissenschaft. Von P. Kirn. 2. Auflage. 121 Seiten. 1952. . . . . Bd. 270

Kultur der Urzeit. Von F. Behn. 4. Auflage der „Kultur der Urzeit" Band I–III. Von M. Hoernes.
I: Die vormetallischen Kulturen. (Die Steinzeiten Europas. Gleichartige Kulturen in anderen Erdteilen) Mit 48 Abbildungen. 172 Seiten. 1950 . . . . Bd. 564
II: Die älteren Metallkulturen. (Der Beginn der Metallbenutzung. Kupfer- und Bronzezeit in Europa, im Orient und in Amerika) Mit 67 Abbildungen. 160 Seiten. 1950 Bd. 565
III: Die jüngeren Metallkulturen. (Das Eisen als Kulturmetall. Hallstatt-Latène-Kultur in Europa. Das erste Auftreten des Eisens in den anderen Erdteilen.) Mit 60 Abbildungen. 149 Seiten. 1950 . . . . Bd. 566

Vorgeschichte Europas. Von F. Behn. Völlig neue Bearbeitung der 7. Auflage der „Urgeschichte der Menschheit" von M. Hoernes. Mit 47 Abbildungen. 125 Seiten. 1949 Bd. 42

Archäologie. Von A. Rumpf.
I: Einleitung, historischer Überblick. Mit 6 Abbildungen im Text und 12 Tafeln. 143 Seiten. 1953 . . . . . . Bd. 538

Zeitrechnung der römischen Kaiserzeit, des Mittelalters und der Neuzeit. Für die Jahre 1 bis 2000 n. Chr. Von H. Lietzmann. 2. Auflage. Von A. Hofmeister. 1953. In Vorbereitung. Bd. 1085

Quellenkunde der deutschen Geschichte im Mittelalter (bis zur Mitte des 15. Jahrhunderts). Von K. Jacob.
I: Einleitung, allgemeiner Teil. Die Zeit der Karolinger. 5. Auflage. 118 Seiten. 1949. . . . . Bd. 279
II: Die Kaiserzeit (911-1250) 4. Auflage. 127 Seiten. 1949 . . . . Bd. 280
III: Das Spätmittelalter (vom Interregnum bis 1500). Unter Verwertung der Hinterlassenschaft herausgegeben von F. Weden. 152 Seiten. 1952 . . . . Bd. 284

Von den Karolingern zu den Staufern. Die altdeutsche Kaiserzeit (900–1250). Von J. Haller. 3. Auflage. Mit 4 Karten. 141 Seiten. 1944 . . . . Bd. 1065

Deutsche Geschichte im Zeitalter der Reformation, der Gegenreformation und des 30jährigen Krieges. Von F. Hartung. 129 Seiten. 1951. . . . . Bd. 1105

Geschichte Englands. Von H. Preller.
I: bis 1815. 3., stark umgearbeitete Auflage. 135 Seiten. Mit 7 Stammtafeln und 2 Karten im Text. 1952 . . Bd. 375

Sprach- und Literaturwissenschaften

Indogermanisch / Germanisch

Gotisches Elementarbuch. Grammatik, Texte mit Übersetzung und Erläuterungen. Mit einer Einleitung von H. Hempel. 2., umgearbeitete Auflage. 165 Seiten. 1953 . . . . Bd. 79

Indogermanische Sprachwissenschaft. Von H. Krahe. 2. Auflage. 134 Seiten. 1948. . . . . Bd. 59

Germanische Sprachwissenschaft. Von H. Krahe. 2. Auflage.
I: Einleitung und Lautlehre. 127 Seiten. 1948 . . Bd. 238
II: Formenlehre. 140 Seiten. 1948 . . . . Bd. 780

Althochdeutsches Elementarbuch. Von Naumann-Beetz. 1953. In Vorbereitung . . . . Bd. 1111

Altnordisches Elementarbuch. Schrifttum, Sprache, Texte mit Übersetzung und Wörterbuch. Von F. Ranke. 2., durchgesehene Auflage. 146 Seiten. 1949 . . . . Bd. 1115

Deutsche Sprache und Literatur

Deutsches Rechtschreibungswörterbuch. Von M. Gottschald. Etwa 17 Bogen. 1953. In Vorbeitung . . Bd. 200/200a

Deutsche Wortkunde. Eine kulturgeschichtliche Betrachtung des deutschen Wortschatzes. Von A. Schirmer. 3., durchgesehene Auflage. 109 Seiten. 1949 . . . . Bd. 929

Deutsches Dichten und Denken von der germanischen bis zur staufischen Zeit (Deutsche Literaturgeschichte vom 5. bis 13. Jahrhundert). Von H. Naumann. 2., verbesserte Auflage. 166 Seiten. 1952 . . . . Bd. 1121

Deutsches Dichten und Denken vom Mittelalter zur Neuzeit. (1270 bis 1700). Von G. Müller. 2., durchgesehene Auflage. 159 Seiten. 1949 . . . . Bd. 1086

Deutsches Dichten und Denken von der Aufklärung bis zum Realismus (Deutsche Literaturgeschichte von 1700 bis 1890). Von K. Viëtor. 2., durchgesehene Auflage. 156 Seiten. 1949 . . . . Bd. 1096

Deutsche Sprachlehre. Von W. Hofstaetter. 9., neubearbeitete Auflage von G. Spree. 144 Seiten. 1953 . . . Bd. 20

Sprechen und Sprachpflege. (Die Kunst des Sprechens.) Von H. Feist. 2., verbesserte Auflage. Mit 25 Abbildungen. 99 Seiten. 1952 . . . . Bd. 1122

Der Nibelunge Nôt in Auswahl mit kurzem Wörterbuch herausgegeben von K. Langosch. 9., umgearbeitete Auflage. 164 Seiten. 1953 . . . . Bd. 1

Englische Sprache / Romanische Sprache und Literatur

Altenglisches Elementarbuch. Einführung, Grammatik, Texte mit Übersetzung und Wörterbuch. Von M. Lehnert. 2., verbesserte und vermehrte Auflage. 176 Seiten. 1950 . . . . Bd. 1125

Beowulf. Eine Auswahl mit Einführung, teilweiser Übersetzung, Anmerkungen und etymologischem Wörterbuch. Von M. Lehnert. 2., verbesserte Auflage. 135 Seiten. 1949 . . . . Bd. 1135

Englische Literaturgeschichte. Von F. Schubel.
I: Die alt- und mittelenglische Periode. 1953. In Vorbereitung . . . . Bd. 1114

Italienische Literaturgeschichte. Von K. Voßler. Unveränderter Nachdruck der 1927 erschienenen 4., durchgesehenen und verbesserten Auflage. 148 Seiten. 1948 Bd. 125

Griechisch / Lateinisch

Griechische Sprachwissenschaft. Von W. Brandenstein. 1953. In Vorbereitung . . . . Bd. 117

Geschichte der griechischen Sprache. Von O. Hoffmann. 3., umgearbeitete Auflage von A. Debrunner.
I: bis zum Ausgang der klassischen Zeit. 1953. In Vorbereitung . . . . Bd. 111

Geschichte der griechischen Literatur. Von W. Nestle. 2., verbesserte Auflage.
I: Von den Anfängen bis auf Alexander d. Gr. 148 Seiten. 1950 . . . . Bd. 70
II: Von Alexander d. Gr. bis zum Ausgang der Antike. 128 Seiten. 1945 . . . . Bd. 557

Geschichte der lateinischen Sprache. Von F. Stolz. 3., stark umgearbeitete Auflage von A. Debrunner. 136 Seiten. 1953 . . . . Bd. 492

Orientalia / Russisch

Sanskrit-Grammatik. Von M. Mayrhofer. 89 Seiten. 1953 Bd. 1158

Hebräische Grammatik. Von G. Beer. 2., völlig neubearbeitete Auflage von R. Meyer.
I: Schrift-, Laut- und Formenlehre I. 157 Seiten. 1952 Bd. 763/763a
II: Schrift-, Laut- und Formenlehre II. 1953. In Vorbereitung . . . . Bd. 764/764a

Russische Grammatik. Von E. Berneker. 6., unveränderte Auflage von M. Vasmer. 155 Seiten. 1947 . . . . . Bd. 66

Erd- und Länderkunde

Afrika. Von F. Jaeger. 2. Auflage.
I: Physische Erdkunde. 1953. In Vorbereitung. . . Bd. 910
II: Geographie des Menschen und seiner Kultur. 1953. In Vorbeitung . . . . Bd. 911

Australien und Ozeanien. Von H.-J. Krug. Mit 46 Skizzen. 176 Seiten. 1953 . . . . Bd. 319

Kartenkunde. Von M. Eckert-Greifendorff. Durchgesehen von W. Kleffner. 3. Auflage. Mit 63 Abbildungen. 149 Seiten. 1950 . . . . Bd. 30

Wirtschaftswissenschaften / Gesellschaftskunde

Allgemeine Betriebswirtschaftslehre. Von K. Mellerowicz. 7., veränderte Auflage.
I: 142 Seiten. 1952 . . . . Bd. 1008
II: 112 Seiten. 1952 . . . . Bd. 1153
III: 143 Seiten. 1952 . . . . Bd. 1154

Soziologie. Geschichte und Hauptprobleme. Von L. von Wiese. 4. Auflage. 151 Seiten. 1950 . . . . Bd. 101

Sammlung Göschen / Bandnummernfolge

1 Langosch, Der Nibelunge Nôt
3 vom Ende, Die Maschinenelemente
9 Marcard-Beck, Die Dampfkessel I
20 Hofstaetter, Deutsche Sprachlehre
30 Kleffner, Kartenkunde
37 Klemm, Anorganische Chemie
42 Behn, Vorgeschichte Europas
51 Bürklen-Ringleb, Mathematische Formelsammlung
59 Krahe, Indogermanische Sprachwissenschaft
66 Berneker-Vasmer, Russische Grammatik
70 Nestle, Griechische Literaturgeschichte I
79 Hempel, Gotisches Elementarbuch
80 Weigert, Stilkunde I
87 Witting, Differentialrechnung
88 Integralrechnung
101 von Wiese, Soziologie
111 Hoffmann-Debrunner, Gesch. d. griech. Sprache I
117 Brandenstein, Griechische Sprachwissenschaft
125 Vossler, Italienische Literaturgeschichte
136 Mahler, Physikalische Formelsammlung
141 Geitler, Morphologie der Pflanzen
142 Haussner, Darstellende Geometrie I
143 Haussner, Darstellende Geometrie II
146 Witting, Repetitorium und Aufgabensammlung zur Diff.-Rechn.
147 Witting, Repetitorium und Aufgabensammlung z. Integralrechn.
170 Oehlmann, Musik des 19. Jahrhunderts
180 Böhm, Versicherungsmathematik I
200/200a Gottschald, Deutsches Rechtschreibungs-Wörterbuch
210 Bruhns-Ramdohr, Kristallographie
221 Jander-Jahr, Maßanalyse I
222 Hassak-Beutel, Warenkunde I
223 Hassak-Beutel, Warenkunde II
226 Hofmann, Geschichte der Mathematik I
228 Vogel, Landwirtschaftliche Tierzucht
238 Krahe, Germanische Sprachwissenschaft I
243 Mahler, Physikalische Aufgabensammlung
247 Hoppe, Analytische Chemie I
248 Hoppe, Analytische Chemie II
252 Dassler, Elektrochemie I
253 Dassler, Elektrochemie II
256 Haussner, Aufgabensammlung zur analyt. Geometrie der Ebene
257 Humburg, Die Gleichstrommaschine I
264 Lockemann, Geschichte der Chemie I

270 Kirn, Einführung in die Geschichtswissenschaft
279 Jacob, Quellenkunde der deutschen Geschichte I
280 Jacob, Quellenkunde der deutschen Geschichte II
281 Leisegang, Einführung in die Philosophie
284 Jacob-Weden, Quellenkunde der deutschen Geschichte III
319 Krug, Australien und Ozeanien
329 Scharrer, Agrikulturchemie I
335 Braun-Klug, Die Fette und Öle
336 Braun-Klug, Seifenfabrikation
342 Körting, Heizung und Lüftung I
343 Körting, Heizung und Lüftung II
344 Moser, Musikaesthetik
354 Valentiner, Vektoranalysis
355 Neger-Münch, Die Nadelhölzer
375 Preller, Geschichte Englands
423 Adler, Fünfstellige Logarithmen
432 Borchers, Metallkunde I
433 Borchers, Metallkunde II
445 Asmus, Physikalisch-chemische Rechenaufgaben
452 Bahrdt-Scheer, Stöchiometrische Aufgabensammlung
468 Werkmeister, Vermessungskunde I
469 Werkmeister, Vermessungskunde II
483 Henglein, Lötrohrprobierkunde
492 Stolz-Debrunner, Geschichte der lateinischen Sprache
499 Niese, Autogenes Schweißen
500 Simmel, Hauptprobleme der Philosophie
521 Marcard-Beck, Dampfkessel und Feuerungen II
538 Rumpf, Archäologie I
557 Nestle, Griechische Literaturgeschichte II
564 Behn, Kultur der Urzeit I
565 Behn, Kultur der Urzeit II
566 Behn, Kultur der Urzeit III
571 Lehmann, Philosophie des 19. Jahrhunderts I
579 Müller, Technische Tabellen
585 Dehnert, Verkehrswasserbau I
589 Tochtermann, Das Maschinenzeichnen I
590 Tochtermann, Das Maschinenzeichnen II
594 Lengerken, Tierreich IV/3: Insekten
597 Dehnert, Verkehrswasserbau II
619 Buchwald, Kristalloptik
668 Knopp, Funktionentheorie I
691 Fauser, Kulturtechnische Bodenverbesserungen I
692 Fauser, Kulturtechnische Bodenverbesserungen II
698 Schulze, Allgemeine und physikalische Chemie II
703 Knopp, Funktionentheorie II
709 Lehmann, Philosophie des 19. Jahrhunderts II
711 Kesselring, Elektrische Schaltgeräte I
718 Neger-Münch, Die Laubhölzer
763/63a Beer-Meyer, Hebräische Grammatik I
764/64a Beer-Meyer, Hebräische Grammatik II
768 Bieberbach, Einführung in die konforme Abbildung
780 Krahe, Germanische Sprachwissenschaft II
781 Weigert, Stilkunde II
807 Kropp, Erkenntnistheorie I
827 Schwaiger, Elektromotorische Antriebe
837 Baumgartner, Gruppentheorie
857 Capelle, Griechische Philosophie I
858 Capelle, Griechische Philosophie II
862 Werkmeister, Vermessungskunde III

877 Knopp, Aufgabensammlung zur Funktionentheorie I
878 Knopp, Aufgabensammlung zur Funktionentheorie II
881 Humburg, Die Gleichstrommaschine II
902 Müller, Dynamik I
903 Müller, Dynamik II
910 Jaeger, Afrika I
911 Jaeger, Afrika II
917/17a Böhm, Versicherungsmathematik II
920 Hoheisel, Gewöhnliche Differentialgleichungen
929 Schirmer, Deutsche Wortkunde
930 Krull, Elementare und klassische Algebra I
931 Hasse, Höhere Algebra I
932 Hasse, Höhere Algebra II
952 Schäfer, Transformatoren
953 Zipperer, Technische Schwingungslehre
965 Dehnert, Wehr- und Stauanlagen
970 Baldus, Nichteuklidische Geometrie
972 Herter, Tierphysiologie I
973 Herter, Tierphysiologie II
978 Kleinlogel, Baustoffverarbeitung und Baustellenprüf. des Betons
984 Graf, Die wichtigsten Baustoffe des Hoch- und Tiefbaues
1000 Jaspers, Geistige Situation der Zeit
1002 Jander-Jahr, Maßanalyse II
1003 Hoheisel, Partielle Differentialgleichungen
1008 Mellerowicz, Allgemeine Betriebswirtschaftslehre I
1014 Huttenlocher, Mineral- und Erzlagerstättenkunde I
1015/15a Huttenlocher, Mineral- und Erzlagerstättenkunde II/III
1031 Apel, Philosophisches Wörterbuch
1034 Kranefeldt, Therapeutische Physiologie
1044 Tölke, Talsperren
1057 Roth, Thermochemie
1059 Hoheisel, Aufgabensamml. zu den gew. u. partiellen Diff.-Gleich.
1061 Grodzinski, Getriebelehre I
1065 Haller, Von den Karolingern zu den Staufern
1070 Sauter, Differentialgleichungen der Physik
1078 Troche, Stahlbetonbau
1082 Hasse, Aufgabensammlung zur Höheren Algebra
1084 Nusselt, Technische Thermodynamik I
1085 Lietzmann, Zeitrechnung
1086 Müller, Deutsches Dichten u. Denken vom Mittelalter zur Neuzeit
1092 Wickop, Fenster, Türen, Tore
1094 Hernried, Systematische Modulation
1096 Viëtor, Deutsches Dichten und Denken v. d. Aufkl. b. z. Realism.
1105 Hartung, Deutsche Geschichte der Neuzeit I
1109 Knopp, Elemente der Funktionentheorie
1111 Naumann-Beetz, Althochdeutsches Elementarbuch
1114 Schubel, Englische Literaturgeschichte I
1115 Ranke, Altnordisches Elementarbuch
1116 Meissner, Englische Literaturgeschichte II
1121 Naumann, Deutsches Dichten und Denken I
1122 Feist, Sprechen und Sprachpflege
1123 Bechert-Gehrtsen, Atomphysik III
1124 Meissner, Englische Literaturgeschichte III
1125 Lehnert, Altenglisches Elementarbuch
1127 Hartmann, Geschlecht und Geschlechtsbestimmung im Tier- und Pflanzenreich
1128 Buchner, Symbiose der Tiere mit pflanzlichen Mikroorganismen
1130 Dibelius, Jesus
1132 Frühauf, Überspannungen und Überspannungsschutz

1134 Kuckuck, Pflanzenzüchtung
1135 Lehnert, Beowulf
1136 Meissner, Englische Literaturgeschichte IV
1137 Heil, Entwicklungsgeschichte des Tier- und Pflanzenreichs
1138 Hämmerling, Fortpflanzung im Tier- und Pflanzenreich
1141 Koller, Hormone
1144 Gehler, Festigkeitslehre I
1146 Humburg, Die synchrone Maschine
1147 Sartorius von Waltershausen, Kunst des Dirigierens
1148 Pepping, Der polyphone Satz I
1151 Nusselt, Technische Thermodynamik II
1152 Dehnert, Verkehrswasserbau III
1153 Mellerowicz, Allgemeine Betriebswirtschaftslehre II
1154 Mellerowicz, Allgemeine Betriebswirtschaftslehre III
1155 Schwartz, Mikrobiologie I
1156 Meinke, Komplexe Berechn. der Wechselstromschaltungen
1157 Schwartz, Mikrobiologie II
1158 Mayrhofer, Sanskrit-Grammatik
1159 Jungbluth, Gießereitechnik I
1160 Dibelius-Kümmel, Paulus
1162 Seidel, Entwicklungsphysiologie der Tiere I
1163 Seidel, Entwicklungsphysiologie der Tiere II

Auf Wunsch versenden wir

kostenlos

unsere Auswahlverzeichnisse:

Allgemeine Geisteswissenschaften. 32 Seiten. Stand Juni 1953
Mathematik. 17 Seiten. Stand August 1953
Medizin. 24 Seiten. Stand Mai 1953
Naturwissenschaften. 32 Seiten. Stand Mai 1953
Rechtswissenschaften. 40 Seiten. Stand Mai 1953
Sprach- und Literaturwissenschaften / Geschichte. 32 Seiten. Stand Juni 1953
Technik. 32 Seiten. Stand Juni 1953
Theologie. 33 Seiten. Stand August 1953

FSC
www.fsc.org
MIX
Papier | Fördert gute Waldnutzung
FSC® C083411

Kolibri 360 GmbH
Ferdinand-Jühlke-Straße 7
99095 Erfurt, Deutschland
produktsicherheit@kolibri360.de